本课题为北京语言大学校级教育教学改革重点项目，项目编号为 AZ201503。

对外汉语教学
思索集

王瑞烽◎著

中国书籍出版社
China Book Press

目录 —— CONTENTS

上编
教学法研究

第一章 西方第二语言教学理念的新进展及其启示⋯⋯⋯⋯⋯⋯ 003
  1. 第二语言教学的新理念 ⋯⋯⋯⋯⋯⋯⋯⋯⋯⋯⋯⋯ 004
  2. 第二语言教学的新理念对于基础汉语教学的启示 ⋯⋯⋯ 013
  3. 结语 ⋯⋯⋯⋯⋯⋯⋯⋯⋯⋯⋯⋯⋯⋯⋯⋯⋯⋯⋯ 017

第二章 任务型语言教学与初级汉语教学结合的思考⋯⋯⋯⋯⋯⋯ 020
  1. 任务型语言教学在语法阶段汉语综合课中的应用 ⋯⋯⋯ 021
  2. 任务型语言教学在短文阶段综合课课文教学中的应用 ⋯ 040
  3. 任务型语言教学在初级汉语口语课中的应用 ⋯⋯⋯⋯ 046
  4. 结语 ⋯⋯⋯⋯⋯⋯⋯⋯⋯⋯⋯⋯⋯⋯⋯⋯⋯⋯⋯ 050

第三章 初级汉语读写课教材的编写理念与方式⋯⋯⋯⋯⋯⋯⋯⋯ 053
  1. "读"和"写"结合的理论基础 ⋯⋯⋯⋯⋯⋯⋯⋯⋯ 054
  2. 初级汉语读写课教材中阅读材料的选择 ⋯⋯⋯⋯⋯⋯ 057
  3. 初级汉语读写课教材中"读"和"写"结合的方式 ⋯⋯ 061
  4. 汉语读写课中"读"和"写"内容结合的方式 ⋯⋯⋯ 063
  5. 汉语读写课中"读"和"写"内容结合的作用 ⋯⋯⋯ 071
  6. 结语 ⋯⋯⋯⋯⋯⋯⋯⋯⋯⋯⋯⋯⋯⋯⋯⋯⋯⋯⋯ 073

第四章 初级汉语教材中汉字教学的处理方式分析和教学改革思考⋯ 077
  1. 基础汉语教材中汉字教学的处理方式 ⋯⋯⋯⋯⋯⋯⋯ 078
  2. 教学汉字的控制方式的利弊分析 ⋯⋯⋯⋯⋯⋯⋯⋯ 082
  3. 汉字教学的三个核心问题 ⋯⋯⋯⋯⋯⋯⋯⋯⋯⋯⋯ 085
  4. 汉字教学改革的三种思路 ⋯⋯⋯⋯⋯⋯⋯⋯⋯⋯⋯ 088

I

下编
虚词教学研究

第五章 虚词关联的预设及其教学 ········ 095
1. 预设理论 ········ 095
2. 预设差异副词所关涉的预设 ········ 098
3. 对预设差异副词教学的建议 ········ 102
4. 围绕预设进行听力理解题目编写的思考 ········ 106
5. 结语 ········ 114

第六章 虚词关涉的梯级及其教学 ········ 116
1. 梯级与梯级推理 ········ 116
2. 梯级含义理论的发展 ········ 119
3. 从梯级的角度阐释"即使"句式及其教学建议 ········ 121
4. 从梯级的角度简要阐释其他相关句式 ········ 132
5. 结语 ········ 138

第七章 "毕竟"的语篇语义结构 ········ 141
1. "毕竟"在语篇中所关联的语义内容 ········ 142
2. "毕竟"语篇的语义结构类型 ········ 146
3. 结语 ········ 155

第八章 "按/照/依……看/说"格式对比及其教学 ········ 157
1. "按/照/依……看/说"格式的语料分析 ········ 158
2. "按/照/依……看/说"格式使用频率的差异 ········ 165
3. "按/照/依……看/说"格式的教学建议 ········ 168

第九章 "何况"和"(更)不用说"的对比及其教学 ········ 170
1. "何况"和"(更)不用说"在句中所处位置的异同 ········ 171
2. "何况"和"(更)不用说"句类分布的异同 ········ 174
3. "何况"和"(更)不用说"义项的异同 ········ 176
4. "何况"和"(更)不用说"的教学建议 ········ 178

后　记 ········ 183

上编

教学法研究

第一章　西方第二语言教学理念的新进展及其启示[①]

第二语言教学理念是指特定时期内第二语言教学界对于第二语言教学的目的、过程、方式等方面的基本认识和理解。这种理念可以从第二语言教学理论和教学法的发展中概括出来，同时，这种理念往往也会在第二语言教学的实际教学操作中反映出来，即我们可以从特定时期第二语言教学的大纲设计、课堂教学方法、教材等方面抽象出其基本的教学理念。

西方（特别是英美）的第二语言教学发展历史时期早，其研究和教学的规模和深度一直处于世界的领先地位，我们的对外汉语教学和研究也在其影响下一步步发展起来。历时的角度看，对外汉语教学的模式和研究的热点无不体现着西方第二语言教学和研究的深刻影响。对于西方第二语言教学理论和教学法，前辈们已经做了大量的引介工作，这极大地促进了对外汉语教学的研究。因此可以说，积极关注西方第二语言教学发展的动态，这对于我们

[①] 本章节主要内容曾以"西方第二语言教学理念的新进展及其启示"（《海外华文教育》，2009年第1期）为题发表。

的对外汉语教学有着非常积极而重要的意义。崔永华（1999）曾经指出："当前，对外汉语教学界确实需要强化'改革开放'的观念。要改革就不能故步自封，停滞不前，排斥新思想。要跟上时代，就要开阔眼界，积极主动地学习国外的、国内的和相关学科、领域的经验、成果。"赵金铭（2008）也深刻地指出："我们的汉语作为第二语言教学，在教学理念上是否还可以转变观念，拓展我们的思维，开阔我们的视野，除旧布新，寻求汉语作为第二语言教学模式的创新与突破，是我们要探讨的问题。"我们确实有必要以开阔的视野关注西方第二语言教学的新理念，并在此基础上，深刻审视我们当前的教学，发现差距和不足，加以改善和提高。

近年来，特别是近二十年来，由于心理学和教育学等基础学科的新发展，西方的第二语言教学的理念也在其影响下发生了深刻的变化。综观我们的研究，对于这些新理念还缺乏全面而及时的认识，本文将综合介绍和讨论近年来西方第二语言教学的新理念，并结合这些新理念探讨它们对于对外汉语教学的启示，以期对于改善和提高我们的对外汉语教学有所帮助。

1. 第二语言教学的新理念

1.1 心理学与教育学的新进展

1.1.1 心理学对于学习的新认识

心理学是第二语言教学的基础之一，它的发展与第二语言教学的发展息息相关，第二语言教学若干理论的提出都是依据心理学的基本理论。近年来，对于人类的学习机制和过程，心理学有了不同于行为主义的认识，这就是皮亚杰的认知发展理论（Cognitive Development Theory）和维果斯基的社会建构主义理论（Social Constructivist Theory）。

这两种学习理论虽然略有不同，但是对于学习都有着与行为主义的学习理论完全不同的理解，它们都一致重视学习者的主动性，认为学习不是机械的刺激——反应引发的，而是需要学习者认知的参与，是学习者认知水平和认知图示与环境的刺激相互作用的结果，而且学习者的认知在学习中更为重要。同时，建构主义还认识到，学习者之间和与他人的互动对于学习有着重要的意义。

1.1.2 人本主义的教育观

认知发展理论和建构主义理论对于学习者主动性的强调，引发了教育学对于教育本质和目标的重新定位。在它们的影响下，人本主义的教育观开始发展壮大起来。人本主义倡导意义学习（significant learning）不仅仅是一种增长知识的学习，而且是一种与每个人各部分经验都融合在一起的学习，这种学习以学生的经验生长为中心，以学生的自发性和主动性为学习动力，把学习与学生的愿望、兴趣、需要有机地结合起来。

人本主义反对科学主义教育理念下的指导性教学，提倡非指导性教学，即以学生为中心，由学生自主选择学习内容和进行自主的研究性学习；强调和谐的师生关系，教师是学生学习过程中的促进者（facilitator），而不是传统意义上的主导者。[1]

---

[1] 安桂清（2005）对人本主义教学观进行了比较详细的引介。

1.2 第二语言教学的新理念

上文提到的心理学教育学的新理论，对于西方的第二语言教学产生了巨大的影响，产生了很多新的教学理念，这些教学理念从不同角度对语言教学的各个方面进行了深入的探讨，反映当前西方第二语言教学对于语言教学的基本理念和原则。

1.2.1 语言学习的新理念——"在做中学"与任务型语言教学

在认知发展理论、建构主义理论、人本主义理论的影响下，任务语言教学法（Task-Based Language Teaching）于20世纪80年代兴起。[①] 任务型语言教学是以任务为核心单位来计划、组织教学的。任务型语言教学采用任务大纲，以任务为单位组织教学单元，以任务完成为教学目标。在任务型语言教学中，通常一个任务组成一个独立的教学单元，全部教学活动围绕任务进行，服务于任务的完成。

任务型语言教学的基本理念是"在做中学"（learning by doing），设置真实、互动性任务，让学生在完成任务的过程中积极地使用目的语进行交际，从而掌握目的语。

与以上基本理念相适应，任务型语言教学具有以下三个特点：

（1）以任务为纲设计教学。长期以来，主流的语言教学所设计的语言教学大纲以及编写的语言教材都是按照一定的顺序罗列或者介绍语言点，然

---

① Willis（1996）、Ellis（2003）、龚亚夫，罗少茜（2003）对任务型语言教学进行了详细的介绍。

后对这些语言点进行相应的操练,基本上可以说是以语言点为纲设计教学;而任务型语言教学的基本思路是,给学习者提供一系列的交际任务,要求学习者使用目的语来完成这些交际任务,在完成任务的过程中习得目的语,整个教学设计和过程是以任务为纲。

(2)注重教学内容和教学活动的真实性。传统的语言教学是以特定的语言点为纲来编写教学材料,首先考虑的是教学材料是否能反映特定的语言点,而并非是真实的语言材料。任务型语言教学强调教学内容的真实性,尽可能使用现实生活中的语言材料,而且提供给学生的任务都是与现实生活类似的活动。

(3)学习活动关注意义。在传统语言教学中,学生所谓的交际往往是对方(教师或其他学生)已经知道的内容,不是真正的意义沟通。而任务型语言教学强调真实的意义沟通,交际双方往往要存在信息差(information gap),在交流的过程中存在信息传递。

大量的研究表明,任务型语言教学主要具有以下三点优势:

(1)能最大限度地激发学生的学习动机。由于任务真实有趣,学生在完成任务的过程中参与兴趣极大,有着强烈的学习动机。

(2)使学生把注意力集中在语言所表达的意义上,而不是语言形式。任务型语言教学以任务的完成为目标,而非语言形式的正确性,学生在完成任务的过程中关注的是意义的沟通,与现实生活的言语交际行为一致。

(3)提高学生的开口率,增加语言的输入量和输出量。Krashen(1985)指出:当学生的注意力集中在语言所表达的意义时,他们会暂时"忘记"自己是在使用一种他们还没有完全掌握的语言,"情感过滤"(The Affective Filter)也会随之降到最低点。但如果学生在上课时把注意力集中在语法上,那么课堂就是暴露语言错误的地方,焦虑感必然增加,从而阻止语言的输入与输出。学生在小组中完成任务，有着平等无压力的交际气氛，焦虑感大为降低，有着比较轻松的氛围，提高了他们的开口率。

1.2.2 语法教学的新理念——互动理论与 Focus on Form

在心理学关于学习的理论的影响下，Long（1983）提出了一种语言习得的互动假说（Interaction Hypothesis），该假说认为，在言语交流过程中，交流双方可能遇到交际困难或障碍，为了克服这种交际困难或障碍，交流双方必须进行意义协商（negotiation of meaning）。所谓"意义协商"，就是指交际双方并不是一次性地、毫无障碍地成功地表达意义或传递信息，而是要经过提问、证实、复述等一系列协商过程。比如一方没有听懂，要求对方再说一遍；或者一方对于自己的理解没有把握，向另一方核实；或者一方没有说出全部信息，另一方继续询问。

Long 认为，这种交际中的意义协商，特别是学习者和语言水平高于学习者的人之间的意义协商，有利于语言学习，通过意义协商，即使输入中含有学习者不认识的单词、没掌握的语法结构，它们也会变得易于理解；同时这种互动还可以诱导对话人对学习者表达中的错误做出诸如重铸（recast）等形式的负面反馈（negative evidence），这种反馈可以帮助学习者意识到输入与输出间的差距，引导他们注意这些引发问题的语言形式，自动调整自己的语言，自我纠正。许多实验性研究对意义协商在习得中的作用提供了有力的支持。实验结果表明，在以意义为主的交际过程中参与意义协商的机会能有效引发学习者的语言习得（Ellis，2001）。

在其互动假说的基础上，Long 提出了"Focus on Form"的第二语言教学思想，所谓"Focus on Form"就是"在以意义或交际为中心的课堂下，随着语言形式的偶然出现，学生的注意力被明显地吸引到这些语言形式上去"（Long, 1991）。Ellis 等人（2001）总结了 Focus on Form 的五大特点：① Focus on Form 在交际互动中发生，是可观察的行为；② 课堂上，师生的注意力都聚焦在语言的交际运用上，而不是在教与学有关的语言形式上；③ 课堂上以交际意义为中心，但师生有时选择或需要去关注某些语言形式，即 Focus on Form 在无准备的情况下偶然发生；④ Focus on Form 的发生必须是偶尔的、短暂的；⑤ 所关注的语言形式是广泛的，即在完成一项交际任务时，许多不同的语言形式，而非某一单一的语言形式受到关注。

第二语言教学一直以来存在的两种语言教学思想——以形式为中心（Focus on Forms）和以意义为中心（Focus on Meaning）。前者指传统第二语言教学，教学大纲以语言形式为纲，课堂设计以语言结构为主要组织原则，课堂教学以孤立语言现象的单纯积累为主要目的；而后者注重意义沟通性的交际，完全排斥对语言形式的关注。经过教学实践以及实验研究，以上两种教学方式的效果都不太理想，存在一定的问题，对于前者的教学效果，已经被广泛地质疑。而同样的，Swain（1985）的研究也表明，后者的教学的效果也不理想，存在问题。正是在这样的背景下，Long 提出了"Focus on Form"的语言教学思想，从本质上来说，这种思想试图综合"Focus on Forms"和"Focus on Meaning"两种教学模式的优点，使其相互补充，相辅相成。

1.2.3　语言学习目的和方式的新理念——内容语言教学法

内容语言教学法（Content-Based Instruction）是 20 世纪七八十年代兴起的一种教学理念，[①] 这种教学理念主要应用于，美国专门用途英语教学

---

① 戴庆宁，吕晔（2004）对于"内容语言教学法"进行了比较详细的引介。

（English for Specific purposes）、中小学生第二语言沉浸教学（Second Language immersion）和学科英语教学（English for Academic Purposes）等语言教学中，而且随着发展，这一教学理念被运用到越来越多的不同背景的语言教学中。

对于语言学习的目的和方式，传统的语言教学的教学目标是使学生掌握语法结构，进而提高学生的语言运用能力，教学的方式也是必须经历单纯的语法结构教学阶段，在掌握了语法结构的基础上，再去使用目的语这种交流工具去实现交流目的或学习学科知识。与此不同的是，内容语言教学法的教学目标不再是语言本身，而是学科知识，如历史、文学、政治等学科知识，不再存在单纯的语言学习阶段，而是在学习学科知识的过程中掌握语言。

内容语言教学法的基本理念是，当语言教学与学科教学相结合时，当语言作为学习学科知识的媒介时，便产生了最理想的目的语学习条件。（Stryker, Stephen & Leaver, 1997）在这种教学理念指导下的课堂中，学习者使用目的语理解和探讨学科知识，目的语不再是学习的目标，而成为学习学科知识的工具，在使用这种工具的过程中，学习者目的语的语言能力自然而然地获得提高。正如 Peachey（1999）所言，内容语言教学法是一种更自然的发展语言能力的方式，与学习母语的方式一致。

在内容语言教学法理念下的语言教学，其教学的目的和方式都与传统的语言教学不同，是一种全新的改革思路。Stryker, Stephen & Leaver（1997）认为，内容语言教学法把学习语言与学习学科知识完全结合起来意味着对传统语言教学方法的重大改革。这种改革通过把教学的重点从教学语言本身转变到通过学习学科知识来获得目标语言能力，是一种本质上的改革。

1.2.4 对师生关系的新理念——以学生为中心的教学法

前文提到，人本主义理论主要倡导教育应该以学习者为中心，符合学习者的兴趣和需求，由学生自主选择学习内容和进行自主的研究性学习。在这一理论框架中，传统的师生关系发生了巨大的改变，教师由指导和决策者变成了促进者。

这一教育理论被引入第二语言教学，形成了"以学生为中心"（Leaner-Centered Approach）的语言教学理念。[1] 这种理念强调学生是学习环境的主人，教师不应是传统意义上的管理者、控制者的权威角色，在第二语言教学的课堂中，教师不应是直接将语言知识灌输给学生，而应该想方设法地促进和引发学生的自主学习。相对应的，学生角色也发生了深刻转变，学生不再是传统意义上的被动接受者，而成为积极探寻知识的主动者，甚至可以成为教学目标和内容的决策者，即在课程规定的范围内制定目标、计划自己想做的事情，并一起商定最终的评价准则。这正是合约学习（Contract Learning）所倡导的教育主张。

1.2.5 对学生之间关系的新理念——合作性语言学习理论

在建构主义和人本主义理论的影响下，重视学生之间合作性互动的合作学习（Cooperative Learning）于20世纪70年代初在美国兴起。[2] 这一理论反映了建构主义和人本主义，发挥学习者的主观能动性，促进学习者相互之

---

[1] 李广琴（2005）对于"以学生为中心"的教学理念进行了比较详细的引介。
[2] Nunan（2001）、王坦（2005）对于"合作学习"的教学理念进行了比较详细的介绍。

间的促进和影响的思想内核。这一理论在教学活动中鼓励全体学生共同进行学习，加强学生之间的相互交流，从而达到全体学生共同发展、师生教学相长的目的。

在合作学习模式的课堂中，学生按性别及不同能力分成若干小组，以小组为学习单位。小组成员分工合作，每个学生尽自己最大的努力掌握所学的内容，并为小组的共同学习目标作出自己的贡献；他们为了理解掌握一个内容和最后完成全组的学习任务相互帮助、相互学习、共同讨论问题、倾听他人的意见、从他人那里学习到自己不懂的内容、向他人阐述自己的观点、相互填补在理解方面的不足。

合作学习的倡导者在建构主义和人本主义理论的影响下，提出了社会互赖理论。所谓社会互赖，是指在学习活动中，小组成员间通过建立积极的相互依赖关系来促进学习成绩的一种理念。当大家都有共同的目标而且每个个体的结果都受到其他人的影响时，就存在社会的互赖（Johnson，1998）。合作学习的主要目标就是要建立全组成员间的积极互赖关系，积极的互赖关系建立之后，会使小组成员围绕共同的学习目标团结起来，相互鼓励进行学习，合作学习就会起到促进积极学习的作用。

合作学习理论也被引入到第二语言教学中，并对之产生了巨大的影响，合作性的语言学习（Cooperative Language Learning）被越来越多地采用，通过科学分组和设立共同的学习目标，使学生在小组中建立积极的互赖关系，共同完成学习目标，成为合作性语言学习的主要特征。

2. 第二语言教学的新理念对于基础汉语教学的启示

2.1 当前基础汉语教学的课程设置模式、教学方式及师生角色

"基础汉语教学"是指对零起点的外国留学生进行的第一学年的教学。对于基础汉语教学的课程设置模式,崔永华(1999)指出,对外汉语教学经过几十年发展,课程设置模式已经变化,目前的课程设置模式为"分技能教学"模式。在这种模式中,按照语言技能项目(听说读写)分设课程。通行的课程设置为精读课(现在流行称"综合课")、听力课、汉字课(第二学期改为阅读课)。各种课程都以技能训练为主要内容。说的训练通过精读课来解决,也有在后期开设实用口语课的。教学单元以精读课为核心。每个单元包括精读课两节、听力课一节、汉字课或阅读课一节。精读课的教学内容被假定为整个单元的共核。

从教学方式上来说,基础汉语教学基本是以语法结构为纲,兼顾情景。从语法教学过程和方式上来看,语法教学基本是采用语言结构讲练为主的教学过程模式(Presentation-Based Approach)。Skehan(1998)曾把这种模式概括为 PPP,即 Presentation,Practice 和 Production。首先是教师讲解语法结构(Presentation),然后是学生根据语法结构进行机械的替换性和情景性的操练(Practice),最后是学生运用语法结构进行表达(Production)。在此模式中,特别强调语法结构的操练,课堂教学以操练为主,我们对外汉语教学有一句深入人心的口号"精讲多练",正体现了这种模式的基本特点。

从师生角色上来说，基础汉语教学中教师主要承担两项任务，即语法结构的讲解和指导学生运用语法结构进行操练。需要特别指出的是，学生的操练大部分都不是自由的言语表达，而是在机械的结构替换或是教师指定的情景下的模仿表达，从教学的过程可以看出来，教师在整个教学过程中，处于主导、控制地位，控制着语言的输入，学生的语言产出也是处于教师的限定下。相对而言，学生处于被动的地位，理解教师的讲解，在教师限定的情景下产出句子。

2.2 对于基础汉语教学的启示

2.2.1 积极理解和吸收新的教学理念和教学方法，更新教学理念

从历时的角度看，现有的基础汉语教学模式经过几十年的发展，不断完善和科学，且具有很强的可操作性，也具有一定的教学效果。但是如果从共时的角度看，从世界心理学、教育学以及第二语言教学最新发展的背景下看，基础汉语教学许多根本性问题值得我们深思。

如果我们深入分析现有基础汉语教学模式所隐含的教学理念，我们会发现，当前基础汉语教学模式，其心理学和教育学的理论基础，基本延续的是行为主义的理念，其 PPP 教学过程模式中学生在教师控制下的操练，以及"精讲多练"的基本思路，还有课堂师生角色的定位，都是行为主义反复操练以获得技能基本理念的反映，而对于语言的习得，这种教学模式隐含的教学理念仍然是，通过大量在教师控制下被动的操练，学生能够很好地习得语言。

如前文所述，心理学和教育学近年来的巨大发展已经使行为主义理论日渐式微，取而代之的是建构主义的心理学理论和人本主义的教育观，随着这

两者的介绍和研究，我们已经对它们不陌生了，但我们的教学模式依然没有因此而做相应的改变，依然故我。对于理论，我们要做的，不仅是了解，更重要的是要在实践中积极加以运用，我们实在有必要在深入理解这些新的心理学和教育学理论的基础上，发展我们的教学理念。在新的心理学和教育学理论的指导下，我们是否可以将语言教学理解为：学生的语言能力是按照自身的认知逐渐建构的，在这种建构的过程中，学生的主动性认知是关键，超越学生认知水平和缺乏学生主动性建构的教学效果不会理想，甚至根本无效。

2.2.2 积极实践新的教学方法

我们的研究和教学中一个永恒的问题是：我们现有的基础汉语教学模式是否是最有效的教学模式？有没有更有效的语言教学模式？回答这个问题，单从这种模式本身着眼是无法回答的，而应该是在尝试、比较多种教学模式的基础上来回答。前文中我们提到了一些语言教学的新理念，如任务型语言教学，Focus on Form、内容语言教学法，这些理念有着心理学和教育学新理论的强大支持，而且也有了一定的教学实践，虽然我们并不能因为这些新理念而完全否定现有的教学模式的合理性，放弃现有的教学模式，这在实际中操作中也不可行，但我们也不应该不关注这些理念以及在这些理念指导下的教学实践，而是至少应该保持现有教学模式的前提下，尽可能创造条件地积极尝试这些理念，尝试是否能将新理念的某些主张融入现有的教学模式中，如探讨在现有的各门技能课中结合某种新的语言教学理念的可能性，如研究在各门技能课中结合任务型语言教学理念；或者开设完全按照这些新理念设置的实验班、实验课，如设置完全按照任务型语言教学理念的口语课，根据

Focus on Form 编写的教材并开设这样的课程，我们认为，不论最终实验的结果如何，这种尝试和探索对基础汉语教学和研究都是非常有益的。

2.2.3　发挥学生的主动性，努力建立新的师生关系

发挥学生的主动性，我们认为，应该主要从以下三个方面入手。

第一，在课程设置和教材编写中应做更充分的学生意见调查，重视学生的意见和建议，使这课程设置和教材更合理科学。如前文所述，我们现有的语言教学模式中，学生是作为一个接收者、被引导者，在课堂中基本上是教师主导下被动地学习和操练。而从整个课程体系上来说，学生更没有机会参与到课程体系的规划和设计，设置的课程门类，课程的内容都基本上是教学管理部门或教材编写者根据自己的经验和设想设置和编写的。这样的一个教学体系有着规范化、程序化，且易于操作的优势，但是，同时我们也在教学实践中可以明显地看到它的弊端，即很多课程并不受学生欢迎，某些课程内容也并非是学生的兴趣所在。我们认为，造成这些现象的根本原因在于，在课程设置和教材编写的过程中，我们没有足够重视学生的要求，去调查倾听，甚至是与之一起协商讨论。前文提到的人本主义的教育观、以学生为中心的教学法以及合作性语言教学理论都强调重视和发挥学生的作用，我们应该在大量调查和访问上加大力度，并在此基础上，重新安排课程设置，修订教材。

第二，在课堂教学中应给予学生更多发挥主动性和创造性的机会。在现有的课堂教学 PPP 模式中，教师处于主导、控制教学内容和教学环节的地位，学生处于被动理解和操练的地位，整个过程中，学生并不需要有多少主动性和创造性。这种被动的学习是否真如我们设想的教学逻辑那样积极有效？从人本主义的教育观出发，这是值得怀疑的，只有以学生的自发性和主动性为

学习动力，把学习与学生的愿望、兴趣、需要有机地结合起来的意义学习才是真正积极有效的学习。我们有必要试图改变这样的课堂教学过程模式，在课堂中给予学生更多主动性和创造性学习的机会，引导他们进行自主的探究性学习，从而激发真正有价值的意义学习。即使在现有的教学体系下，教师不可能完全做到这样的教学设计，但至少应该将引导学生主动性、创造性作为教学环节设计的一个重要考虑因素，努力使学生在课堂教学过程中更富有主动性和创造性。

第三，在课堂教学中应努力推动学生的合作性学习。如前所述，在现有的课堂教学模式中，课堂中的交流主要为师生之间的互动——教师讲解与学生理解，教师提供限定性情境与学生据此产出语言。相对而言，学生之间的互动则非常少，在实际的课堂教学中为数不多的学生互动基本限于分角色朗读等机械性练习。根据人本主义的教育观、合作性语言学习理论及互动理论，我们应该考虑在课堂教学中，应尝试给予学生更多、更丰富多样的互动机会，不仅是学生一起分角色朗读这样的机械性练习，而且给予他们更多一起合作的机会，共同总结语法点的使用规律、词语解释，理解课文内容，完成具有挑战性的语言交际任务等，学生在彼此的互动中共同提高语言能力，同时也提高了语言交际能力，这也正是语言教学的根本目的之一。

3. 结语

对外汉语教学根本的理论支撑来源于心理学和教育学的研究，对于心理学和教育学理论加以深刻理解和应用，以开阔的视野密切关注这两门基础学科的发展，可以说是对外汉语教学和研究正确发展的前提，我们必须重视这两门学科的发展动态，并据此调整和完善我们的教学和研究。

对外汉语教学经过几十年的发展，教学和研究已经取得了一定的成果，形成了一定的特色。但是，我们必须清醒地认识到一点：西方（特别是英美）的第二语言教学发展历史时期早，其研究和教学的规模和深度一直处于世界领先地位，是我们对外汉语教学需要虚心学习的"老师"。对外汉语教学曾经在引进和吸收西方第二语言教学理论的基础上获得了极大的发展，要使对外汉语教学可持续地正确发展，必须保持住这种积极主动学习的心态，及时对之进行引介和吸收。

参考文献

安桂清（2005）论人本主义学习观与创造观对研究性学习的启示，《外国中小学教育》第3期。

崔永华（1999）基础汉语教学模式的改革，《世界汉语教学》第1期。

戴庆宁、吕晔（2004）CBI教学理念及其教学模式，《国外外语教学》第4期。

龚亚夫、罗少茜（2003）《任务型语言教学》，人民教育出版社。

李广琴（2005）以"学生为中心"的课堂交互活动中教师的中介作用，《外语教学》第5期。

王坦（2005）合作学习的理论基础简析，《课程·教材·教法》第1期。

赵金铭（2008）汉语作为第二语言教学：理念与模式，《世界汉语教学》第1期。

Ellis, R., Basturkmen, H. & Loewen, S.（2001）Learner uptake in communicative ESL Lessons. *Language Learning*. 2002, 51（2）: 281-318.

Ellis, R.（2003）*Task-based language learning and teaching*. Oxford University

Press.

Johnson, D. W., Johnson R. T., & Holubec E. J. (1998) *Cooperation in the classroom*. Boston: Allyn and Bacon.

Krashen, S. (1985) *The input hypothesis: Issues and implications*. Longman.

Long, M.H. (1983) Native speaker/non-native speaker conversation and the negotiation of comprehensible input, *Applied linguistics*. 1983, 4 (2): 126-141.

Long, M.H. (1991) Focus on form: A design feature in Language teaching Methodology. In de Bot, Ginsberg, R.&Kramsch, C, *Foreign Language Research in Cross Cultural Perspective*, Amsterdam: John Benjamins.

Nunan, D. (2001) *The learner-centered curriculum—A study in second language teaching*. 上海外语教育出版社。

Peachey, N. (1999) content-based instruction .*Canadian Modern Language Review*.

Skehan, P. (1998) *A Cognitive Approach to Language Learning*. Oxford University Press.

Stryker, Stephen & Leaver (1997) *Content-Based Instruction in Foreign Language Education*. Washington: Georgetown University Press.

Swain, M. (1985) Communicative competence: Some roles of comprehensible input and comprehensible output in its development. In Gass, S & Madden, D, *Input in second language Acquisition*, Rowley, MA: Newbury House.

Willis, J. (1996) *A Framework for Task—Based Learning*. Longman.

第二章　任务型语言教学与初级汉语教学结合的思考[①]

任务型语言教学是 20 世纪 80 年代西方英语教育界兴起的一种语言教学理论。多年来，西方的研究者已经从各个方面对其进行了深入细致的研究，以任务型语言教学法的理念设计第二语言教学已经成为西方第二语言教学的流行趋势。

我国的第二语言教学界也逐渐认识到这一教学理念的价值，并加以大力研究和倡导。教育部新英语课程标准在其基本教学理念中明确提出"教师应避免单纯传授语言知识，倡导任务型的教学模式"。在这样的倡导下，我国的基础英语教学非常关注任务型教学法，研究和实践有了很大的发展。

英语教学界的学者（袁昌寰，2002；鲁子问，2003；龚亚夫、罗少茜，2003；方文礼，2003）对任务型语言教学法进行了一定的研究。近年来，

[①] 本章主要内容曾以"小组活动的任务形式和设计方式及其在对外汉语教学中的应用"（《语言教学与研究》2007 年第 1 期）、"初级汉语综合课课文教学过程中的合作互动"（《对外汉语综合课课堂教学研究》，崔希亮主编，北京语言大学出版社，2010 年）、"初级汉语任务型口语课教学模式构想"（《现代语文》，2009 年第 11 期）、"两人任务小组在初级汉语综合课中的应用"（《读与写》，2009 年第 5 期）为题发表。

对外汉语教学界也开始有学者对任务型语言教学法进行研究，马箭飞（2002）提出了基于交际任务的汉语教学大纲；吴中伟（2004；2007）对任务型语言教学法进行了介绍，并对结合任务型语言教学法改进汉语教学模式进行了理论思考；吴勇毅（2007）探讨了如何结合任务型语言教学法改进汉语口语教材。

以上的这些研究说明，任务型语言教学理念已经逐渐在我国第二语言教学中慢慢萌芽，随着研究的深入，它将会在第二语言教学的理论研究和教学实践中逐步发挥更大的作用。

关于任务型语言教学的基本理念、特点、优势等内容，在第一章中已有论述，在此不再赘述。本章将着重分析任务型语言教学理论与初级汉语教学结合的路径与方式，重点讨论与初级汉语综合课、初级汉语口语课这两门课的结合。

1. 任务型语言教学在语法阶段汉语综合课中的应用

1.1 语法阶段汉语综合课存在的问题

在对外汉语教学中，根据主要教学内容，通常把初级阶段汉语综合课的教学分为三个阶段，即语音阶段、语法（句型）阶段和短文阶段。（王钟华，1999）在这一章中，我们分析过，语法阶段综合课的教学模式基本是以传统的语言结构讲练为主的教学模式。首先是教师讲解语法结构，然后是学生根据语法结构进行机械的模仿性操练，最后是学生运用语法结构进行表达。

应该说，这一教学模式本身并没有什么问题，问题是在实际教学中，第三个教学环节往往没有完全展开，有的甚至完全被忽略跳过。这主要是由于两方面的原因：一是，初级阶段的语法结构教学密度比较大，每一课时的教学任务重，教学时间紧张，进行完前面的两个环节之后，往往几乎没有剩余的时间。但更重的原因是，我们的教材编写者和教师缺乏设计这样练习的意识和技巧，在教材中没有这样的练习，或者是设计的练习比较生硬、空泛，激发不起学生的表达欲望，教师也感到难以组织。于是，索性弃用。

可以说，语法阶段的综合课教学对语法结构的操练基本上都是机械模仿性的，这就造成了课堂气氛比较死板、沉闷，学生只是被动地进行复述或替换性的朗读。更大的弊端是，学生在进行机械的模仿性操练中，虽然说出了正确的句子，看起来掌握了所学习的语法结构，而一旦让他们用语言去实际交流，注意力集中在语言的意义上时，仍不能正确合理地运用语法结构。（Willis，1996）

1.2 任务型语言教学与语法阶段综合课的结合方式

任务型语言教学的基本理念是，设置相应的真实、互动性任务，让学生在完成任务的过程中积极地使用目的语进行交际，从而掌握目的语。为了实现这一理念，任务型语言教学注重交际性任务的设计，所设计的任务自然、真实，能激发学生主动地使用学过的语法结构进行交际性的言语交流。

任务型语言教学中任务多样的形式和设计方式对于我们设计交际性的语言练习有着重要的借鉴意义，我们可以借鉴这些思路设计相应的交际性语言练习，这正好可以弥补目前综合课学生自由表达环节的不足。

1.2.1 语法任务活动的设计

1.2.1.1 任务活动的基本类型

任务型语言教学的核心是任务活动的设计,不同的学者对任务的类型有着不同的划分方法。Willis(1996)把任务活动分为六种类型:编目(listing)、排序与分类(ordering and sorting)、对比(comparing)、解决问题(problem solving)、个人经历(sharing personal experiences)、创造性任务(creative tasks)。

Brown(2001)将任务分为十类:游戏(games)、角色扮演和情景模拟(role—play and simulations)、戏剧表演(drama)、解决方案(projects)、采访(interview)、头脑风暴(brainstorming)、信息差(information gap)、拼图式(jigsaw)、任务解决和做出决定(problem solving and decision making)、交换观点(opinion exchange)。

我们比较倾向于 Pica(1993)的分类,因为比较而言,区分更清晰,概括性更强。① 他们按照互动方式把任务分为五类:

(1)信息差型任务(information—gap tasks)。在这类任务中,组员分别掌握不同的信息,组员要通过言语交流了解对方的信息。如,教师分配给组员关于某项职业不同的信息,有的组员得到的信息是某职业的要求,有的是这种职业的收入水平,有的是职业的好处,组员通过相互询问,了解对方的信息。要求组员通过询问得到对方自身的信息也是一种信息差型任务,如要求有的组员找出小组中昨天睡得最晚的人,有的组员找出生日最早的人。

还有一种很流行的信息差型任务,通常是在两人小组(pairwork)活动

---

① 转引自 Richards, J.C & Rodgers, T.S.(2001).

中采用，两个学生得到的是内容存在一些差别的图片，要求学生通过相互询问找出两张图片的不同之处。

（2）拼图式任务（jigsaw tasks）。拼图式任务是信息差任务的一种特殊形式。在这类任务中，小组成员各有部分信息，组员要通过言语交流将所有的信息组合成一个整体。它与信息差任务的差别在于，信息差任务仅要求学生通过交流了解其他组员的信息，而拼图式任务要求学生了解了其他组员的信息之后，还要将这些分散的信息组合起来，全组完成一个共同的任务。如，给小组成员写有不同信息的纸条，有的是关于银行的位置，有的是关于饭店的位置，要求学生通过互相询问，画出地图。

"纸条故事"（strip story）是国外一种非常流行的拼图式任务，教师选取一段故事或对话，将每个句子分别写在不同的纸条上，然后将纸条分给不同的组员，要求小组将故事或对话连接完整。

（3）解决问题型任务（problem—solving tasks）。教师给整个小组一个未解决的问题和相关的部分信息，组员通过讨论找出问题的解决办法。如，教师交给小组一张凶杀案现场的图片和几个嫌疑人的信息，组员通过讨论找出真正的凶手。

（4）选择决定型任务（decision—making tasks）。教师给整个小组一个未解决的问题和相关的信息，组员通过讨论就多种方案做出选择。"选择决定型任务其实是解决问题型任务的一种，其主要目标是让学生根据信息做出一定的选择。"（Brown，2001）如，设想全组人员乘坐的飞机在距离营地120公里的沙漠坠毁，他们只能从火箭所载的物品中选择部分最有用的物品，最安全、最迅速地回到营地，或者被营救。组员分别选出自己认为最有用的部分物品，然后全组交流，说明各自的选择并说明理由。

（5）交换观点型任务（opinion exchange tasks）。全组人员就教师设置的某个话题进行讨论。这类任务不必达成一致的意见，主要是要求学生表达不同的想法和观点。如要求全组讨论全球化是利大还是弊大。

设置信息差是小组活动任务设计的一个重要手段，在以上各种任务形式中，不仅仅是信息差任务运用了信息差，其他任务也运用信息差，通过设置信息差来激发学生的交际性交流。如"解决问题型任务"中的凶杀案任务，教师也可以把凶杀案的各种信息分别写在不同的纸上，交给小组中的各个学生，他们互相不知道对方的信息，需要通过交流把所有的信息整合在一起，再进行分析。

1.2.1.2 信息差设置

任务活动的根本目的是为了激发学生活用语言进行交流。Johnson（1980）认为，传达信息（conveying information）常是交流最重要的部分。也就是说，人们在交流的时候，一般都需要告诉对方所不知道的信息。因此，促进交流的一个方法就是"设置信息差"（bridging an information gap）。

信息差在小组活动中很重要，原因在于信息差可以激发学生的动机。如果学生们相互交流的是对方已知的内容，那对学生来说就太枯燥乏味了，对于这种机械性的操练，学生很难有较高的学习动机。

Johnson（2002）认为，语言教学中的很多练习就是因为缺乏信息差而变成了一种机械性操练。他以 Broughton（1968）编著的教材中的一个练习为例，讨论了其信息差的缺乏和改进的方法。原练习见图1：

1 Peter 2 Janet 3 Jillian 4 Tom 5 Alan

Ask:

| Is | Janet
Tom
Peter
Alan
Jillian | standing
sitting | by the window?
on the stairs?
by the door?
on the bus?
on the scooter? |

Answer:

| Yes,
No, | he
she | is
isn't |

在这个练习中，要求学生进行成对活动，一个问问题，另一个回答。但由于两个学生都看着练习的所有内容，学生 A 应该问的问题和学生 B 应该回答的问题都展现在学生的面前，学生 B 知道学生 A 要问什么问题，学生 A 也知道学生 B 会怎么回答。因此，他们在交流的时候，根本不用听对方在讲什么，这种方式根本就不是一种真正的交际性交流。造成这种状况的根本原因在于，学生双方不存在信息差，相互没有信息的交流。

对于这个练习，Johnson 为之设置了信息差，修改如见图 2：

A.

Ask your partner a question, and write names under the pictures.

Who's that	standing sitting	by the window? on the stairs? by the door? on the bus? on the scooter?

B. Give your partner information

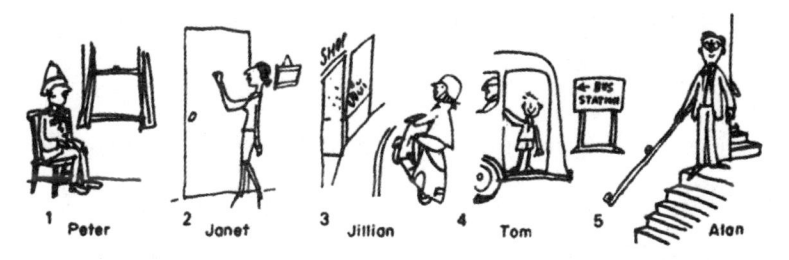

1 Peter　　2 Janet　　3 Jillian　　4 Tom　　5 Alan

在实际操作中，教师将这个练习沿虚线分上下两个部分裁开，给学生A上半部分，给学生B下半部分。这样，学生B不知道学生A要问什么问题，而学生A也不知道学生B会怎么回答，信息差就由此而产生了，他们之间的交流就是真正的交际性交流。

1.2.1.3　任务活动设计的参考资源

小组任务活动之所以在国外的第二语言教学中得到广泛应用，一个重要的原因就是有大量关于小组教学的教师资料用书（teacher resource books），这是一种供教师使用的教学辅助资料。里面有大量用于小组任务活动的任务，它们都围绕一定的语言要素设计，并且每个活动都配有这个活动所适合的技能、目标、时间、程序、组织办法等指导语，供教师参考。其中，很多涉及信息差的任务都将信息分框组织，在教学实践中，教师只需将这些信息按照方框裁开，分别交给小组中不同的学生，就可以开展小组任务活动，非常方便。教师可以根据自己的教学内容，选择适合的任务在课堂中使用。

在很多语言教材中，涉及信息差的任务都有意识地将信息印在不同的页上，活动的时候，学生看不同页上的不同信息，通过交流获取对方的信息。对于两人小组活动，有的教材甚至将信息印在两本书上，一本供学生 A 使用，一本供学生 B 使用。（Johnson，2002）

在对外汉语教学中，小组任务活动一直在对外汉语教学中没有得到关注，小组任务活动的辅助教材也几乎是空白。虽然有部分教材也设有小组任务活动的内容，但基本都是要求学生就某个问题加以讨论。

要在对外汉语课堂开展小组任务活动，应该在理论上加以重视，使教师认识到小组任务活动是一种有效的教学组织形式，但真正能使它在对外汉语课堂得到应用，必须切实组织人力、物力编写出用于汉语教学的小组任务活动教材，单凭教师个人在课余时间独自寻找材料设计活动，是困难且低效的。只有有了这样的材料，教师才有可能在教学中轻松地加以应用。

编写小组任务活动的教师资料用书，材料主要有三种途径获得：

（1）翻译国外关于小组任务活动的书籍。创新的前提是模仿，甚至是套用。国外英语教学中的很多教材中含有很多小组任务活动的练习，还有大量关注不同类型小组任务活动的教师资料用书，这些书籍中很多小组任务活动的练习是非常有效而实用的。

同是语言教学，它们中会有部分同样适用于汉语教学。如前文提到的"寻找不同"的活动,可以引发学生操练英语方位表达法,如"There is…on(under/in front of/behind)…",同样可以用来操练汉语的"存现句"。即使有的并不适用,其活动的设计思路同样可以给予我们启发。

（2）整合教师个人整理的活动材料。很多教师在多年的教学实践中,个人整理和设计了一些适用于小组任务活动的材料,如图片、漫画、音视频等材料,这些经过课堂使用过的材料,具有很好的操作性和有效性。我们可以将这些材料搜集整理出来,建立一个教师教学辅助材料库,供教师选择使用,并在使用过程中,集思广益,使之更加有效、实用。

（3）在现实生活中,还有大量的材料可以用来组织小组任务活动,我们可以有意识地从中寻找适合于汉语语法操练的材料,通过设计和修改使之成为小组任务活动材料。Brown（1994）列出了很多可用于小组任务活动任务的材料：讲话和谈话（speeches and conversation）、故事（narratives）、通知（public announcements）、动画片（cartoons）、漫画（cartoon strips）、信函（letters）、诗歌（poems）、说明书和指南（directions）、邀请函（invitations）、采访（interviews）、口述（oral descriptions）、新闻摘选（media extracts）、游戏和谜语（games and puzzles）、图片（photos）、日记（diaries）、歌曲（songs）、菜单（menus）、电话簿（telephone directories）、标签（labels）等等。那些可用的材料也可以归入教学辅助材料库中。

1.2.1.4 语法任务活动的设计

在借鉴西方任务活动设计的基础上,我们可以围绕汉语中各个语言点进行任务活动设计,将这样的语法任务活动作为语法阶段综合课课堂中语法活用性练习,以激发学生学习语法的兴趣,提高语法教学的效果。

根据综合课每课所教授的语法点设计相应的小组任务活动,在每课的教学中留出一定的时间加以应用,如"我换人民币"是关于换钱的情景对话,可以在教学中设计这样的小组任务活动：将全班学生分为两组，一组学生是银行的营业员，另外一组是要换钱的顾客。在规定的时间内，"顾客"随意选择"银行"办理想要办理的业务，"顾客"可以在不同的"银行"办理多种业务。

"把"字句是初级汉语教学的重要语言点，可以使用多种方法来设计"把"字句的任务活动。如使用"拼图式任务"设计"把"字句的任务活动。任务的整体要求是：通过询问，把散乱的东西放到合适的地方。一部分卡片上分别写有需要收拾的东西："书""笔""眼镜""钱""照片"等，另一部分卡片上分别写有合适的地方"书架上""笔袋里""眼镜盒里""钱包里""相册里"等，要求分配到第一部分卡片的学生使用"把"字句询问，如某学生问："把书放到哪里？"分配到第二部分卡片的学生使用"把"字句回答，如拿着"书架上"的学生回答："把书放在书架上。"在规定的时间内，小组完成活动，教师要求小组部分学生使用"把"字句说出收拾的结果。

还可以使用"选择决定型任务"设计"把"字句的操练活动。交给小组的卡片上写有"油""盐""糖""味精""鸡蛋""牛肉""西红柿""黄瓜""米饭""面条"等，要求小组根据卡片上的东西选择出部分做一道菜，并用"把"字句写出做这道菜的程序。如某组学生通过讨论决定做"西红柿炒鸡蛋"，用"把"字句写出："1. 把油放进去。2. 把鸡蛋放进去。3. 把西红柿放进去。4. 把盐放进去。5. 把糖放进去。6. 把味精放进去。"

还可以根据综合课多课中语法点设计相应的小组任务活动，作为这几课语法点的一个综合活用性操练，加以巩固和提高。如学完《汉语教程》第一册（上）的第十四课后，可以将第十一课到第十四课中的语法点综合起来，设计这样的小组任务活动：每两个学生一组，分别扮演在校园初次认识的两个学生，要求通过对话互相认识，对话中要询问对方以下方面：姓名、国籍、住址、电话号码、所在班级、各课的老师、觉得汉语怎么样。

1.2.1.5 语法任务活动设计需要考虑的因素

教师在设计语法任务活动时，有许多重要因素需要认真考虑，这些因素关系到小组任务活动能否有效地开展。

任务目标方面的因素。任务的目标是首先要考虑的因素，即任务是否围绕需要操练的语言要素开展，对于某项或几项语言要素，学生在完成任务的过程中是否得到了积极有效的操练。

学生方面的因素：①兴趣和经历。学生对于自己熟悉、感兴趣的内容更有较强的动机和交流的主动性。②语言能力。完成特定的任务需要特定的语言能力，完成某项任务必须使用一定的句式、结构、词汇，应该考虑学生是否已学过这些必需的语言要素。

任务操作方面的因素：①任务操作的步骤。②时间。大部分学生完成任务需要的时间以及准备时间。③小组规模。完成任务需要几个学生协作最有效。④任务完成情况的考察方式。考察各小组是否有效活动，可以根据小组任务活动后学生对本组活动的报告、提交的文本或图画、对和活动有关问题的回答等多种方式。要根据任务确定合适的考察方式。[1]

设计语法阶段综合课的语法任务活动，还有一个因素必须考虑到，那就是语法阶段综合课的教学任务比较重，教学时间比较紧张，设计的任务不能过于复杂，占用较多的课时。

鉴于综合课教学的实际，我们必须降低任务难度，设计能在 5 分钟完成的简单任务。围绕每一课的语法结构设计交际性的简单任务。任务型语言教学以任务的真实性作为设计任务的原则，与此不同的是，这种简单任务设计

---

[1] 以上内容根据龚亚夫、罗少茜《任务型语言教学》（2003，P59—72）中内容综合整理。

的根本原则是以特定语法结构的使用为根本原则,即任务能够成功地激发学生自然而然地运用特定的语法结构。

在设计任务的时候,除了要考虑使用语法结构的限定性,使任务具有更确切的目标以外,还应该考虑任务的自然性和真实性,尽量设计学生熟悉和符合生活实际的任务,这更能激发学生的学习动机。

我们的这种任务实际上与Skehan(1998)提出的"中间型"任务(intermediate position tasks)基本一致,既重视任务的自然性和真实性,也强调要通过任务的设计与方法的选择,照顾到语言形式的练习,以增加中介语发展的机会。

与简化任务相适应,同时也为了让任务活动更有效,我们还要缩小小组的规模。

任务型语言教学的实施大都是以小组任务活动的形式,往往要把班里的学生按照一定的标准分成若干小组,然后安排给小组特定的任务,让学生在与小组成员的语言交际中完成任务。小组的规模可大可小,少则两三人,多则七八人。任务型语言教学的很多任务比较复杂,往往需要三人以上的小组完成。

在实际操作中,这样的多人小组往往会出现"搭车"(free-rider)现象,即小组成员中的某些学生很少发言,甚至是无所事事。特别是那些语言水平相对较差、性格比较内向的学生往往只是作为倾听者,或者注意力游离于小组之外。造成这种现象的原因是"责任的扩散"(diffusion of responsibility),因为在小组的交际对话中,对于发言者的对话要求,小组中的每个人都有责任回应,那些不愿发言的学生自然就选择了回避,把发言权交给了别人,而如果小组中有的成员有着极强的表达欲望,往往小组任务活动就成了"一言堂",造成了学生在小组中的交际机会不平等。

要解决这种现象，一个最有效的办法就是控制小组的规模，小组的规模越小，个人责任也就越大。我们比较倾向于采用两人小组，这与任务的简单化相适应，更重要的是，在两人小组中，每个人都承担着一种角色——发言者和回应者，而且两个人的角色是互相对应的。一个学生作为发言者表述的时候，另外一个学生就成为必然的回应者，这样，两个人对言语交际都承担着责无旁贷的责任，注意力必须集中到对话中。

综合考虑多方面的因素，我们认为，在语法阶段综合课中实施两人简单任务小组任务活动，是任务型语言教学与初级汉语综合课最相适应的结合方式。

1.3 语法阶段综合课中任务活动的操作过程

关于任务型语言教学的操作过程，有两种有影响的模式。Willis（1996）将任务的实施分为三个阶段，即任务前阶段（the pre-task phase）、任务链阶段（the task-cycle）、语言分析阶段（the language analysis）。任务前阶段主要是介绍任务的话题和目标，激活任务需要的语言结构和词汇；任务链阶段就是任务的实施阶段，主要有三种活动，即做任务、准备报告、报告任务结果；语言分析阶段主要是任务中使用的重要的语言项目进行有意识的学习和操练。

Ellis（2003）将任务的实施也分为三个阶段：任务前阶段（the pre-task phase）、任务中阶段（the during-task phase）、任务后阶段（the post-task phase）。这种分类方式实际上与 Willis 的分类方式基本是对应的，每个阶段所涉及的活动也大致相同。

我们把语法阶段综合课中任务活动的操作过程也分为三个阶段。下面，我们分别介绍一下这三个阶段，在名称上，我们采用 Ellis 的分类名称。

1.3.1 任务前阶段

关于任务前阶段，有广义和狭义两种理解。广义的理解是把任务进行前的所有活动都归为任务前，狭义的理解是与特定任务实施相关的活动阶段。我们这里采用广义的理解。任务前阶段主要是对语法结构的机械性操练（Mechanical Practice）。任务型语言教学法虽然倡导交际性，但并不完全否定句型操练。许多任务型语言教学的研究者也明确提出句型操练是进行任务的必要的学习阶段。Nunan（1998）认为，句型的机械性操练对大多数学习者来说，是学习过程中一项基本的成分，可以使学习者为今后的交际运用获得基本的能力。

以上环节与现有的综合课教学环节差别不大。我们认为，这一环节是经过多年的实践形成的，具有很强的操作性和有效性，是任务活动进行的前提和基础。这一环节从广义上来说，是"学习性任务"（enabling tasks）。这种学习性任务是交际性任务（communicative tasks）的支撑，给学生提供了必要的语言工具来实施交际性任务。

1.3.2 任务中阶段

此阶段包括对特定任务的准备和实施。主要有以下几个步骤：

（1）分组。为了加快教学进程，一般采用学生自由组合小组。虽然教师并没有规定学生的座位，但实际上，学生每天坐的座位基本都是固定的。学生在自由组合小组的时候，一般都会就近选择邻近的同学。这样的小组就存在一个问题：小组中的学生往往在生活中关系比较亲密，难免会在小组任务活动缺乏监控的时候，说一些与教学任务无关的事情。而且他们中很多是来自一个国家，自然更倾向于用母语进行交流。

所以，为了避免这种情况，我们借鉴了合作学习的分组理念[①]，进行指定小组，尽量使同一小组的两个学生在学业成绩、母语两个方面存在差异，也就是存在异质（heterogeneousness）。这样的两人异质小组一般要保持一段时间的稳定，因为两人需要一定时间的互相适应，而相互适应以后，两人的默契能使任务的完成更顺畅。但是，长时间合作往往又会造成相互之间的倦怠，因此，在一段时间之后，要重新分组。实践表明，重新分组后，学生的积极性大为增加。我们曾对学生进行了一个课堂教学环节的调查，几乎全班的学生都喜欢这种常常更新组合小组的方式，认为这让他们更有积极性，而且还可以增进与更多人的相互了解。

（2）提供任务的限定性词语和语法结构。一种语义，往往有多种表达方式，如"那本书他送回来了吗？""他把那本书送回来了吗？"这两个句子具有相同的语义。学生往往习惯于用那些已经掌握的表达方式进行交际。而且为了完成一种交际目的，除了言语的表达以外，还可以有肢体动作的表达，如学生甲让学生乙把他的词典递给他，可以说"请把那本词典给我"，还可以只是用简单的词语加上肢体动作来传达，如，指着那本词典对学生乙说"词典给我"。

前面已经谈过，我们实施任务的目的就是为了引导学生使用特定的语法结构进行交际，不单纯是为了完成一个交际任务。为了避免学生对特定语法结构的"回避"，在实施任务之前，一般要把完成任务所必须使用的特定语法结构和词语提供给学生，引导学生使用这些语法结构和词语。

（3）提供任务可能用到的新词语。为了任务的真实性，让任务与现实

[①] 关于"合作学习"可参考本书"西方第二语言教学理念的新进展及其启示"章节。

生活场景相一致，所设计的任务往往需要使用一些学生未学过的新词语。如在使用"V着"描述同学穿着的活动中，可能要使用到很多课文中没有的新词，如"牛仔裤""毛衣""皮鞋""T恤衫""运动鞋"等，这些词语学生在描述中可能要使用到，而且学生对于日常穿着的词语非常感兴趣，有很强的学习动机。因此，在任务开始之前，要把这些词语提供给学生。

（4）说明任务。教师将任务的具体要求尽可能用简练明确的语言传达给学生。很多时候，为了增加任务活动的控制性和可操作性，教师需要给出任务的基本模式，如，《汉语教程》第四十一课的语法结构为"V过"，我们设计的任务是，要求学生使用"V过"相互了解对方来中国后的情况。我们给出了比较详尽的需要了解的方面：吃中药、吃烤鸭、爬长城、看京剧、感冒、看电影等，而且还给出了任务进行的基本模式：

A：你来中国后看过京剧吗？

B：……

A：你去看过几次京剧呢？

B：……

A：你呢？

B：……

有时，为了让学生更明确任务的操作，教师还应该做一个示范性的任务，特别是刚刚实施任务型语言教学的时候，更应该进行这样的示范。教师可以选择班上一个语言能力较强的学生进行示范性的语言交际。形象地表现出任务的过程、方式以及解决具体问题时采取的交际策略。这种示范不仅有利于学生更加明确任务的要求，更有利于降低学生在完成任务的过程中的认知负担。

（5）在任务进行中，随时提供新词语和修正任务方式。我们在设计任务的时候，即使考虑得再周密，也难免在操作中存在一定的不足。随着活动的进展，教师要根据情况给学生提供更多的信息，这样的信息往往带有一定的意外性，称之为"surprising information"。（程晓堂，2004）

学生在进行任务的时候，往往会使用到一些教师没有提供的新词，如果这样的词语在任务的完成中较频繁地使用，就应该把这些词语添加到新词表中。

学生在自主完成任务的过程中，常常会有一些超出任务模式的交流方式，《汉语教程》第三十二课中的课文是有关租房子的对话。我们设计的任务是，一个学生扮演租房者，一个学生扮演房东，房东要介绍房子的基本情况。但在实际操作中，我们在巡视中看到，有个组的学生有着很强的想象力和表演欲，"房东"极力介绍房子的优点，而"租房者"则极力地挑毛病，努力降低房租。这样的交际方式更具有真实性和趣味性，于是，我们马上修正了任务的模式和要求，要求在"租房"的过程中，"房东"要介绍房子的优点，而"租房者"则挑毛病，讨价还价。这样的修正让每个组的气氛更加活跃，极大地激发了学生的兴趣。

1.3.3 任务后阶段

任务结束之后，主要是对任务的实施情况进行检查和总结。

有多种方式可以对任务的实施情况进行检查，我们在实践中根据情况选择以下几种方式：

（1）让学生重复任务。在时间比较充裕的情况，可以选择一组或两组学生再现刚才任务进行的过程，也可以选择班里的任意两个学生进行一遍任务。教师可以在学生重复任务的过程中，纠正学生的错误，或进行参与性的提问和引导。这样的方式可以让全班学生更直观地再次学习，但比较耗费时间，而且如果小组的两个学生表达能力较差的话，直接影响到全班的兴趣。我们出于公平的考虑，又不能总是挑选那些能力强的小组来表演。因此，在综合课课堂时间比较紧张的条件下，我们很少采用这样的方式。

（2）教师跟学生一起再现任务。教师参与其中，能更好地引导任务的进行过程，主动说出或者引导学生说出一些较好的表达方式。

（3）教师选择多个学生报告本小组的任务完成的情况。特别是对于那些信息询问型的任务，教师可以要求学生报告两个人的部分情况。如上文提到的那个"V过"的任务，学生可以根据实际情况表述："我来中国以后看过一次京剧，他看过两次。我吃过很多次烤鸭，但他一次也没吃过。"这样的检查方式，可以让更多的学生表达，教师可以检查更多小组的任务完成情况，而且是一种新的语段表达方式，不是对刚才任务的重复，对学生具有一定的挑战性，激发学生的兴趣。

（4）让学生在作业中写出任务的过程。如，写出在完成任务的过程中两人的对话。这样做主要有三点好处：一是，教师可以全面地检查学生任务进行的情况，发现每个学生言语表达上的问题，使得检查更全面，也更细致；二是，学生在写出任务的过程中，重新思考和组织，又得到了一次练习的机会；三是，学生可以把课堂上别的学生再现任务时使用的好的表达方式吸收进去，而且也可以避免教师在任务结束后所指出的问题。这样的作业不是简单的再现，而是更高层次的细致加工。

在任务结束后，教师一般还应该对任务进行总结。主要有以下两种活动：一是，对巡视过程中发现的比较典型的错误加以明确纠正；二是，对正确的表达方式进行归纳，并进行适当的操练。这类似于 Willis 的任务型语言教学模式的语言分析阶段。她认为，在完成任务的基础上，学习者还要对重要的语言项目进行有意识的学习和操练，学习者需要经历一个从意义再到形式的过程。

对于任务的总结，除了在任务结束后当堂总结以外，还应该在检查了学生的作业后进行总结。上文我们提到，学生要在作业中写出任务的过程，教师通过检查作业能更细致地发现学生存在的问题，对于一些普遍性的问题，应该再进行一番总结。

任务活动的操作过程可以概括为下表：

表1　任务活动的操作过程

任务的阶段		主要内容和方式
任务前阶段		相关词汇、语句和语法的学习
任务中阶段		分组
		说明任务
		根据情况提供新词语和修正任务方式
任务后阶段	任务检查	学生重复任务
		教师跟学生一起再现任务
		学生报告本小组的任务完成的情况
	任务总结	纠正典型的错误
		归纳和操练正确的表达方式

2. 任务型语言教学在短文阶段综合课课文教学中的应用

2.1 短文阶段综合课课文的基本教学过程

在短文阶段，课文基本都是较短的语篇。为了培养学生的语篇能力，课文的讲练是这一阶段教学的一个重点。如何处理好课文的讲练，对于这一阶段教学目标的实现，提高学生的语篇能力具有重要的作用。

短文阶段综合课课文的讲练，不同的教师往往采用不同的方式，但这些方式中又能归纳和总结出一些基本的环节。《对外汉语教学初级阶段课程规范》是北京语言大学汉语学院在总结实践经验的基础上，在教学大纲的原则指导下，对初级阶段"四种课型、两个层次、八门课程"所做的课程规范。其中就包含对短文阶段综合课课文讲练方式的详细描述。北京语言大学作为"国内从事对外汉语和中华文化教育历史最长，规模最大，师资力量最雄厚"的对外汉语教学单位，其教学模式在业界产生了深远的影响，在对外汉语教学中占有重要地位。《规范》中对于短文阶段综合课课文的基本教学过程的总结具有较强的代表性。

对于课文讲练的环节，《规范》总结为以下五个部分：

（1）初听：教师分段叙述课文，同时板书一些重要的词语和句法结构，让学生初步感知和领悟课文内容、句与句的衔接、词语搭配关系和各类文化知识。

（2）初说：教师根据课文内容提出问题，学生做出回答。所提问题要将课文内容及语言信息涵盖在内，以帮助学生做好表达的准备。

（3）成段或成篇模仿课文：以课文为语境，运用本课所学的词语、句法结构、语篇衔接手段来模仿课文中规范的语句,体会汉语的表达习惯,练习语篇表达能力。练习的方式有:让学生复述课文;也可以采取教师质疑,学生成段或成篇回答的方式;还可以把对话形式转换成短文叙述出来。

(4)复用活用:把本课所学的词语和句子的形式、意义及应用这三个层面结合起来,训练学生的概括能力、成篇表达能力。练习的方式有:给出重点词语、句法结构,让学生说或写一段话;也可以让学生用所学词语、结构改说或改写一篇短文;还可以让学生叙说或续写一个故事。

(5)看书:朗读课文,把握全篇,加深印象,巩固已掌握的语言形式和技能;处理前几个环节未注意到的细节,完善课文教学。

从整体上来说,这一过程体现了对课文的认读、理解、复述、活用,由低到高、由限定到展开的层级性训练。应当说,这套在长期的教学实践中形成的比较定型的基本教学过程是行之有效的,学生的语篇能力在此过程中获得了提高。

2.2 课文教学过程中的任务小组任务活动

任何一种教学模式从来都不是一成不变的,它总是随着心理学、教育学等基础学科的发展而不断发展变化,短文阶段综合科课文的基本教学过程也处于发展变化中。近年来,我们尝试在课文教学过程在保留原有基本框架和程序的基础上,融入更多的学生任务型小组的合作互动。这一做法与近年来西方合作性语言学习理论、任务型语言教学理论相吻合,是教学模式的完善与提升。[①]

---

① 关于合作性语言学习理论和任务型语言教学理论详见第一章。

这种课文的合作学习过程一般分为三个基本环节，即：

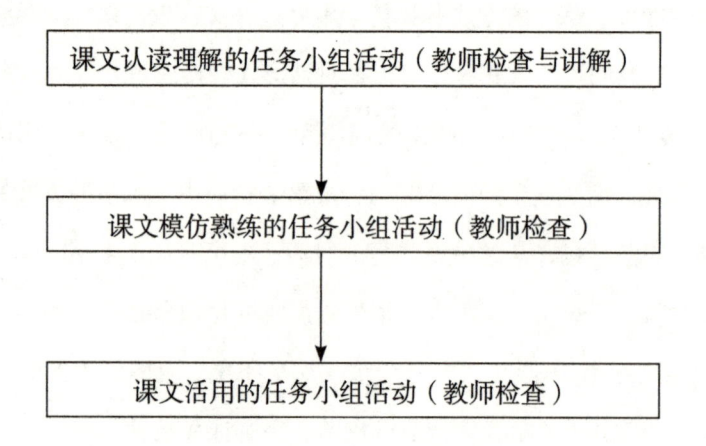

```
┌─────────────────────────────────────────┐
│ 课文认读理解的任务小组活动（教师检查与讲解） │
└─────────────────────────────────────────┘
                    │
                    ▼
┌─────────────────────────────────────────┐
│ 课文模仿熟练的任务小组活动（教师检查）      │
└─────────────────────────────────────────┘
                    │
                    ▼
┌─────────────────────────────────────────┐
│ 课文活用的任务小组活动（教师检查）          │
└─────────────────────────────────────────┘
```

很明显，这样的教学过程是以学生的任务小组任务活动为基本环节，教师只是在小组任务活动之后进行一定的检查和讲解。这正体现了"教师是学生学习过程中的促进者，而非主导者"的人本主义的教育观和合作学习的基本理念。

这三个环节具有各自层次不同的要求，且环环相扣，每一环节以前一环节为基础，并且为后一环节的进行奠定基础。第一环节的主要目标是使学生正确认读课文的汉字，正确理解课文总体意思及细节。第二环节的主要目标是使学生能复述课文的部分内容，熟练掌握课文中语句的表达方式，培养学生的概括能力、成篇表达能力。第三环节的主要目标是使学生能在自己的言语表述中活用课文中的语句，达到学以致用的交际性目标。这三个环节体现了对课文的认读、理解、复述、活用，由低到高、由限定到展开的层级性训练。

2.2.1　课文认读理解的任务小组任务活动

分组。将学生分配到合适的小组关系到合作学习能否顺利、有效地进行。根据汉语教学目标和学生的特点，我们主要根据学生的学业成绩、母语和性别进行分组，使小组成员在这三个方面存在异质。小组的规模可以根据不同情况，分为两人、三人或四人小组。为了防止"责任的扩散"，我们控制小组的规模，"小组的规模越小，个人责任也就越大。"（王坦，2004）

在分好组之后，要求每个小组中的成员分句朗读课文，在互相帮助中逐字逐句地正确认读课文中的每个汉字。完成之后，教师可点名从每个小组中分别选出部分学生朗读语句，检查学生小组任务活动的情况。

在完成了对于课文的认读之后，接下来进行对课文理解的小组合作。学生的单独的默读和教师"根据课文内容提出的问题，学生做出回答"，完全交由学生在小组中完成。比如，在两人小组中，学生默读课文，并就个人所知互相帮助对方理解课文难点，对于双方都不能理解的难点，记录下来并向教师咨询，教师在巡视中解决各组问题，并记录下各组普遍存在的问题，以备小组任务活动后的课堂重点讲解。这样，教师的讲解有的放矢，真正重点解答了学生的问题。

教师"根据课文内容提出的问题，学生做出回答"的方式，也可转变为学生小组内的互问互答，在完成对课文的阅读理解后，学生在小组内各自准备几个关于课文内容的问题，并向其他组员提问，其他组员做出相应回答。在自主性的互问互答的过程中，既相互检查了对于课文内容的理解，每个学生也通过想"问题"深化了对于课文内容的理解。

2.2.2 课文模仿熟练的任务小组任务活动

在完成了对于课文的认读和理解之后，接下来的环节就是培养学生熟练掌握课文中语句的表达方式。这种对于课文模仿熟练的小组合作可以采用多种形式：

（1）"关键词提示"复述。这种复述方式是在小组任务活动中进行，组员相互提示，以语句或语段为单位，分别复述课文内容，然后在此基础上共同复述。

（2）不看课文，进行关于课文内容的互问互答。

（3）改变人称概述课文。课文本是第一人称的故事叙述，要求学生改为第三人称概述课文，或第三人称改为第一人称概述。

教师在巡视过程中，分别聆听各小组的复述，了解学生的复述情况，并在小组任务活动后抽查学生的复述情况。

2.2.3 课文活用的任务小组任务活动

对于课文的活用性练习，需要精巧地设计，使练习既能紧扣课文内容，能自然使用课文的语句，还应该对课文内容有所引发，增加练习的趣味性和训练学生的自主的言语表达能力。根据具体的课文内容，可有多种方式供选择：

（1）课文中人物的分角色扮演。分角色扮演通常在句型阶段对话体课文的练习中加以应用，其实在短文阶段课文的练习仍然可以得到较好地应用。如《成功之路　进步篇》（下文简称为《进步篇》）第十二课"孔子和渔夫"的故事，它讲述了孔子和学生与一位老渔夫的故事，可以要求学生在小组中分别扮演这些角色，根据课文内容进行情景再现。

（2）想象性地人物分角色扮演。这是指对于课文中的人物进行符合其身份的想象性的角色扮演。这要有三种方式可以采用：

有的课文是主人公自己故事的自我叙述，要求学生以主人公密切相关的人物的身份对其故事进行情景表演。以《进步篇》第三课为例，这篇课文是主人公"瑞贝卡"写信给父母讲述在中国旅游的事，可以要求学生以瑞贝卡父亲或母亲的身份与自己的朋友讲述女儿在中国旅游的故事。

有的课文中提到了某一场景，但并未详细讲述，这样的场景可以让学生根据自己的想象进行情景再现。以《进步篇》第十九课《不当差的天使走了》为例，其中用一句话描述了这样的场景，前妻就要丢下"我"和"女儿"去国外，"在前妻离开前的那个晚上，我们谈了一夜的话。"我们可以要求学生在小组中分别扮演"我"和"前妻"在分开前的谈话。让学生根据课文想象，这两个人物会有怎样对话，如"我"的挽留，"前妻"的矛盾和担心。

还可以根据课文内容，想象性地补充相关情景让学生进行角色扮演。还是以《不当差的天使走了》为例，课文中讲述了"我"给"女儿"完美地解释了离婚，并没有伤害其心灵，可以要求学生在小组中扮演这之后"前妻"与"我"越洋电话的虚拟场景，学生可以根据课文，想象"前妻"对"女儿"有怎样的思念，怎样的内疚和担心，"我"怎样关爱"女儿"的生活和心灵，以及对未来生活的打算。

（3）课文相关话题的讨论。有的课文是围绕一个话题展开的，如《进步篇》的二十二课《老人养老去哪里》介绍中国的养老现状，可以要求学生介绍自己国家养老现状，也可以要求学生根据课文内容，对中国养老的改革办法进行讨论。而在《不当差的天使走了》中也涉及了一个父母离婚对孩子造成影响的话题，可以要求学生谈谈对这一问题的看法。

（4）课文故事的续说。有的课文故事虽然比较完整，但仍有进一步发展的可能性，我们可以利用这一点要求学生对课文故事进行想象性地延续。如《进步篇》第十课《熟能生巧》课文最后并没有说"射箭人"在听了"卖油的老人"的话之后有何反应和改变，可以要求学生在小组中发挥想象，共同商量，以延续这个故事。

教师在巡视过程中，分别聆听并适当参与各小组的活动，了解学生的言语表达的情况，并在小组任务活动后对活动的实施情况进行检查。①

3. 任务型语言教学在初级汉语口语课中的应用

3.1　初级汉语口语课教学与教材存在的问题

现行的口语课不能满足学生需求。在"听、说、读、写"这四项基本语言技能中，"说"，即口语交际能力一直是留学生迫切希望得到提高的方面。这在高彦德等（1993）的外国人需求调查中得以明显体现，在需要提高的各项语言技能中，70.1%的人选择了"说"。在我们的访谈和调查中，以及口语选修课的选课人数上，也非常明显地体现了留学生对于提高口语能力的迫切希望。但在实际教学中，我们发现，虽然选修口语课的学生最多，但出勤率不高，大部分学生对于口语课比较失望，觉得"没有希望的那样好"，"在口语课上，说得很少"，"没有多少收获"。需要指明的是，这并非只是单个教学单位存在的问题，具有一定的普遍性。吴勇毅（2007）也提到了这一现象，即学生"学习与使用的需要与对口语课没有兴趣就形成了悖论。"

口语课教学不理想与我们现有的口语教材有一定的关系。在编写模式上来说，大多数口语教材的编写体例大体上是相同的。根据吴勇毅的研究，每一课的内容主要由以下几个部分组成：课文、词语/生词、注释、练习、表达式/语句理解、补充材料/副课文/你知道吗。其中，前四部分一般是必有的。

---

① 关于任务的检查方式，详见本章"1.3.3 任务后阶段"。

这样的编写模式"跟综合课/精读课教材的编写模式几乎没有什么差别"。武氏梅兰（2002）对1984-2001年使用、出版的五部初级口语教材进行统计分析，也发现它们的"编排体例大体上是相同的"。

在实际教学中，这样的编写模式带来的直接影响就是，整个口语课教学过程与传统的精读课教学模式没有本质差别。在很多教师的口语课堂中，教学模式都是根据教材的三大部分按部就班地进行，先讲解生词，然后讲解课文，最后做课后的练习题。口语课失去了特色，虽然与精读课是不同的课型，但其操作过程却无二致。

口语课的根本教学目标是培养学生的口语交际能力，但当前口语教材对学生的口语自主交际能力训练非常不足。这突出表现在练习上，大部分练习的目的是"语言的"或者是为了检查课文内容及知识的掌握情况，这样的理解性练习和机械性练习占绝大部分，而交际性练习所占的比例很小。根据武氏梅兰（2002）的统计分析，在其考察的五部教材中，现有口语教材中交际性练习不够充足，交际性练习在所有练习题中所占的比重平均只有27%左右，有的教材中此项的比率竟然只有8.9%。而且更突出的问题是，在实际教学中，即使是那些交际性练习，也因缺乏精巧的设计和组织，学生难以进行有兴趣且真实的言语交际。而且，这样的交际性练习较少是为"小组"设计的，许多练习只需要学习者自己一个人就能完成，很少需要与他人合作来完成。这从任务型语言教学的理念来看，这样的练习对于提高学生的口语交际能力意义不大，因为学习者的语言交际能力是在"与他人意义沟通的言语交际"中不断发展的。

3.2 初级汉语口语课的任务活动设计

关于初级汉语任务型口语课的课堂教学模式，我们基本的构想是：每节课围绕某方面的交际目标，先给学生展示跟任务活动相关的词语、语句和语法结构。然后给学生布置相应若干关联的言语交际任务，将学生分成若干小组，各小组共同完成交际任务。比如，在"旅行"这一课中，给学生布置"买车票""订旅馆""参加旅行社"等若干关联任务，形成"任务链"，学生在小组中完成这些任务，并在完成任务的过程中提高语言能力和语言交际能力。

这样的口语课教学模式，其基本教学理念已经与现有的教学模式有了根本的不同。首先，教师和学生角色发生了改变，教师不再是一个课堂的主导者，通过讲解完成教学任务，而是转变成一个"导演"和"咨询者"，在课前设计好各种真实、有趣味的任务，并在课堂上为学生进行任务时提供帮助。而学生也不再是一个被动的信息接受者，而是一个与现实言语交际角色类似的自主信息交流者。而且，整个口语课的面貌也发生了很大的改变，不再是一个跟精读课教学模式非常类似的课程，而是一个学生进行言语交际的舞台，学生在任务完成的过程中，主动地利用原有知识，并主动地寻找和咨询自己感兴趣的新信息，在轻松快乐的小组交际活动中，自然而然地提高口语水平。

3.2.1 确定初级汉语口语课的交际目标大纲

对于交际目标大纲的确定，已有的大量研究可以提供有力的支持。马箭飞（2002）提出了基于交际任务的汉语教学大纲，根据对学习者学习需求的调查和分析结果，为各级交际任务确定了相应的分类和具体项目，从交际任务在交际活动中的功能、话题、涉及范围和内容的角度归纳出初级项目、中级项目和高级项目三类交际任务。

其中初级项目是适合零起点和初学者学习的简单交际任务。所涉及的交际活动限制在日常生活、学习和简单的社会交际范围之内，语言功能以了解、询问、社会交往等为主，学习者使用简单的语句询问和回答。简单交际任务大多通过明显的形象标志为学习者完成该项任务提供典型途径。初级项目根据交际任务的主题特征分为基本交际类、生存类、社会活动类、个人信息类和综合信息类等5大类；根据交际任务项目所涉及的交际范围分为26类；并具体描述为100个交际任务项目。

我们可以根据学生情况，从这些交际任务项目中选取一定数量合适的交际任务项目作为教材编写和课程设计的依据。

3.2.2 设计和修订任务活动

任务型语言教学非常注重交际性任务的设计，所设计的任务自然、真实，能激发学生主动地使用所学过的语法结构进行交际性的言语交流。任务型语言教学中任务多样的形式和设计方式，对于我们设计交际性的语言任务有着重要的借鉴意义，我们可以借鉴这些思路设计相应的交际性语言任务，并以这样的交际任务为纲，编写新的初级汉语口语课教学材料，在实践中研究这种任务型口语课的教学模式。

从西方学者对于任务的分类我们可以比较清楚地理解语言任务的形式和设计方式。根据Pica（1993）的分类，我们可以比较容易地设计出各种类型的汉语语言任务。Nunan（1989）提出的任务设计的七个原则，可以作为我们任务设计遵循的原则：材料真实性原则（authenticity）、任务的连续性原则（task continuity）、真实世界焦点原则（real-world focus）、语言聚焦原则（language focus）、学习焦点原则（learning focus）、语言操练原则（language practice）、解决问题原则（problem solving）。以上七个原则中，我们把任务的连续性原则、真实世界焦点原则和语言聚焦原则作为设计交际任务中最基本的原则。

设计好任务之后，还需要在课堂教学试用这些任务，并根据教学情况修正和完善，使之更具趣味性，更能激发学生的言语表达欲望。[①] 只有这样经过实践检验过的任务才能真正得到学生的欢迎，也是任务型口语课是否能够成功的一个关键因素。

4. 结语

西方的任务型语言教学经过几十年的研究和实践，不论是在理论上还是实践上都积累了大量的成果，对外汉语教学界需要吸收和借鉴这些成果。这不仅局限于理论的介绍和思考，更重要的是结合对外汉语教学的实际，探讨任务型语言教学在不同教学层次、不同的课型中的应用方式，这样将会大大推动对外汉语教学的发展。

---

① 关于任务活动的修订，可参考本章"1.3.2 任务中阶段"相关论述。

参考文献

程晓堂（2004）《任务型语言教学》，高等教育出版社。

方文礼（2003）外语任务型教学法纵横谈，《外语与外语教学》第9期。

高彦德、李国强、郭旭（1993）《外国人学习与使用汉语情况调查研究报告》，北京语言学院出版社。

龚亚夫、罗少茜（2003）《任务型语言教学》，人民教育出版社。

鲁子问（2003）《中小学英语真实任务教学实践论》，外语教学与研究出版社。

马箭飞（2002）任务大纲与汉语交际任务，《语言教学与研究》第4期。

王　坦（2004）《合作学习的理念与实践》，中国人事出版社。

王钟华（1999）《对外汉语教学初级阶段课程规范》，北京语言文化大学出版社。

吴勇毅（2007）从任务型语言教学反思对外汉语口语教材的编写，《第八届国际汉语教学讨论会论文选》，高等教育出版社。

吴中伟（2004）浅谈基于交际任务的教学法，《第七届国际汉语教学讨论会论文选》，北京语言大学出版社。

吴中伟（2007）从"3P模式"到"任务教学法"，《第八届国际汉语教学讨论会论文选》，高等教育出版社。

武氏梅兰（2002）从培养语言交际能力角度评析五部初级汉语口语教材，北京语言大学硕士学位论文。

袁昌寰（2002）任务型学习理论在英语教学中的实践，《课程教材教法》第7期。

Brown, H.D.（2001）*Teaching by principles: An Interactive Approach to Language Pedagogy.* 外语教学与研究出版社.

Ellis R.（2003）*Task-based language learning and teaching.* Oxford University Press.

Johnson, K.（1980）*Making drills communicative.* Reprinted in Johnson, K. Communicative Syllabus Design and Methodology. Pergamon Institute of English.

Johnson, K.（2002）*An Introduction to Foreign Language Learning and Teaching.* 外语教学与研究出版社.

Nunan, D.（1989）*Designing Tasks for the Communicative Classroom.* Cambridge University Press.

Nunan, D.（2001）*The learner-centered curriculum—A study in second language teaching.* 上海外语教育出版社.

Pica, T., Kanagy, R., &Falodum, J.（1993）Choosing and using communication tasks for second language instruction. In G. Crookes & S. Gass（Eds.）, *Tasks and language learning.* Clevedon, Multilingual Matters.

Richards, J.C.& Rodgers, T.S.（2001）*Approaches and Methods in Language Teaching.* Cambridge University Press.

Skehan, P.（1998）*A Cognitive Approach to Language Learning.* Oxford University Press.

Willis, J.（1996）*A Framework for Task—Based Learning.* Longman.

第三章 初级汉语读写课教材的编写理念与方式[①]

长期以来，初级汉语的课程设置模式为"分技能教学"模式。在这种模式中，按照语言技能项目（听说读写）分设课程。通行的课程设置为综合课（也曾被称为"精读课"）、听力课、汉字课（第二学期改为阅读课）。教学单元以综合课为核心。（崔永华，1999）

在这样的课程设置模式中，阅读课和写作课是两个相互独立的课程，各自有独立的体系和模式，相互之间没有多少关联。阅读课一般是作为一个独立的课程，主要训练留学生的汉语阅读能力。对于"写"这一技能，基本上训练的还是汉字的书写能力。在综合课中的"写"，也只是作为语法训练的一种产出形式，是"附着于基础汉语或精读这样的主干课上的书面表达部分"（罗青松，2002），训练和考察留学生是否理解和掌握了某一特定语法结构。以培养留学生语段和语篇表达能力为目标的写作课，在这一阶段一般还未设置，通常要到第二学年才开始设置。

[①] 本章主要内容曾以"初级汉语读写课教材的编写理念与方式"（《现代语文》，2010年第12期）、"论汉语读写课中'读'和'写'的结合"（《对外汉语读写课课堂教学研究》，崔希亮主编，北京语言大学出版社，2015年）为题发表。

近年来，大量的研究（Shen，2000；罗青松，2002；陈贤纯，2003；李晓琪，2006）发现，把阅读和写作结合起来综合训练具有认知心理学和教育学的理论依据，而且更利于留学生语言技能的提高。这样的结合可以"以写来体现阅读的理解，也以读来刺激写作的思路"（罗青松，2002），使得阅读和写作相互促进、有效互动。

在这样的背景下，对外汉语教学界开始尝试将阅读和写作结合起来设置为读写课，也出现了几部这样的读写课教材。① 但是，与其他课程比较而言，对外汉语教学中的读写课以及读写课教材还处于起步阶段，不论是理论还是实践的研究还相当薄弱，仅有少量针对读写课教学和读写课教材的初步的、探索性的研究（李海鸥，2009；陆琳，2010；金丹，2012）。读写课不是把阅读课和写作课合简单地并在一起成为一门课，而是应该将阅读和写作更有机、有效地结合起来，使两者相互促进、协调发展。阅读与写作的这种有机结合，对于读写课教学和读写课教材的编写来说，都是一个目前很缺乏研究，但确实是一个特别具有实际意义的问题。

1. "读"和"写"结合的理论基础

认知心理学和第二语言教学及对外汉语教学的大量理论和研究为读写课的开设提供了有力的支持。

---

① 以读写结合为目标的读写课教材主要有《初级汉语读写教程》（宋乐永，2000）、《初级汉语阅读与写作教程》（刘立新、张园，2007）、《成功之路进步篇——读和写1、2》（王瑞烽、于萍，2008）。很多以读写命名的教材其实并非是此类读写课教材，而是综合课等其他课程的教材。

1.1 认知心理学的理论支持

认知心理学的研究为读和写的结合训练提供了理论依据。用信息处理的观点来分析阅读和写作的心理过程，不难发现，阅读是能动的信息输入（理解）过程，而写作是积极的信息输出（产出）过程。"读"的过程与视觉记忆相吻合，成为感觉记忆的组成部分。阅读过程反映了学习者对输入信息的感知、理解、编码和贮存的认知心理过程。这一过程也是学习者认识事物，获取可接受性知识以及积累知识的过程。

写作则是对大脑已存信息的检索和使用。面对一项写作任务时，学习者会有意识地检索、激活储存在"长时记忆"里的相关信息，这些信息被调入"短时记忆"进行再加工后抵达反应产生器加以组织，最后大脑便完成了预定的写作任务。

这样看来，从阅读到写作，构成了一个有序的"输入—加工—贮存—输出"的序列系统，而大量广泛的阅读，可接受性知识和素材的储存、积累又为写作这一有意识的生产活动奠定了基础，提供了原料。"输入—输出"的有序循环不仅有助于知识的习得，而且还有助于人脑记忆结构的完善、记忆水平和信息处理能力的提高。因此，从认知角度看，读与写的结合不仅是可行的，而且还有助于提高语言的学习和运用能力。

1.2 西方语言教学理论的支持

阅读和写作分别是输入和输出的两个过程。第二语言习得理论认为，输入和输出都是语言习得的必要条件。Krashen（1981）提出了输入假说（Input Hypothesis），认为通过获得略高于学习者水平的"可理解输入（comprehensible input）"学习者可以习得目的语。Swain（1985）通过研究发现，仅靠可理解输入还不能使二语习得者准确而流利地使用语言，成功的二语习得者既需要大量可理解输入，又要产出可理解输出。Swain强调，输出可以促进二语习得。Swain认为输出对语言的习得有三大功能：提高注意力（noticing），验证假设（hypothesis—testing）以及反思和调整自己的学习策略（reflective or metalinguistic function）。阅读和写作的结合教学，将输入和输出结合在一起，同时训练学习者的语言输入和输出，这从两个方面促进了学习者的二语习得。

整合性语言教学理论（Whole Language Approach）也从另一个角度支持了读和写结合的必要性。在长期以来的教学体系中，留学生的阅读技能和写作技能的训练都是由阅读课和写作课分别来承担的。这样的课程设置模式，其基本理念是语言能力分为听说读写四种技能，这四种技能是分离的，各自独立的，需要分别加以集中训练。与此相对立的理念是近年来逐渐发展起来的整合性语言教学理论，这一理论是关于语言、语言学习、语言教学、教学内容及学习环境的一整套理论和原则，其主要原则有：整体语言教学强调语言是一个整体，不应当被肢解成语音、词汇、语法、句型。所以语言教学应从整体着手；整体语言教学理论认为语言知识和技能应通过自然的语言环境加以培养，而不应人为地把语言知识和技能分割开来孤立地进行培养。这一理论旗帜鲜明地倡导将听、说、读、写等不同的学习内容加以整合，语言能力是各种技能整合在一起逐渐发展起来的。

"目前美国语言教学的基本特征是整合性。""就目前美国的语文教育来看，无论是研究者还是一线教师，在学习内容的整合方面早已达成共识。教学中，将听、说、读、写等不同的学习内容加以整合，已成为大部分教师所遵循的基本教学原则，并尽量落实在实际教学中。"（姚梅林、赵丽琴，2005）

1.3 对外汉语教学研究的理论支持

鲁健骥（2003）提出了一种新的汉语教学模式，即初级阶段设置口语和笔语两门课，二者各有分工，各有补充，并认为这一模式利于学生口笔语能力的迅速发展。笔语课侧重汉语书面语的教学，在语言技能上，是对读写能力的培养，特别是读的能力的培养。这一研究启发我们，在初级阶段，应该重视汉语书面语能力的培养，给予阅读和写作重要的地位。

2. 初级汉语读写课教材中阅读材料的选择

根据前文论述，阅读和写作结合起来设置读写课有利于二语习得，有尝试设置的必要。那接下来的问题就是阅读和写作的训练内容应该是什么？阅读和写作的内容如何结合？

要回答这两个问题，首先必须明确一个前提，即初级汉语读写课设置的阶段。罗青松（2002）认为，对外汉语写作教学的第一阶段应该是"学生汉语水平处于初级到中级过渡的阶段。"具体来说，是"以 HSK 三级为起点"。本课程设置于初级汉语教学阶段，这一阶段按照学期来分，又可以分为两个阶段：初级（上），即第一学年的第一学期；初级（下），即第一学年的第二学期。由于初级（上）的学生识写汉字的数量非常有限，且基本语法结构尚未学完，很难组织有效的语段、语篇阅读，而语段、语篇的写作更是无从谈起。因此，我们将初级汉语读写课设置于初级（下）阶段，经过初级（上）半年左右的学习，此阶段的留学生已经掌握了基本的汉语语法结构，而且可识写的汉语词汇数量已经达到 800 左右，在此阶段设置读写课也就具有了教学设计的可能性和可操作性。

2.1 阅读语料的选取原则

阅读语料的选取有很多原则，"比如重视文化知识的含量、交际性、实用性、知识性、趣味性"（刘颂浩，2005）。这些原则很全面，但在阅读语料选取的实际操作上，只能把握其中某一条或两条作为基本原则，其他作为辅助考虑原则。我们选取阅读语料的基本原则是"实用性"和"文化知识性"。

"实用性"是指语料应该表现鲜明的时代特点。中国改革开放三十年来，社会发展日新月异，新事物层出不穷，留学生基于现实的学习目的，迫切想要了解的是当代中国的情况，这是他们的兴趣点。同时掌握和理解了这些内容中涉及的词汇和反映的现象，可以在未来的语言学习和生活中能得到实际应用。比如反映"中国网络情况"语料中的诸多词汇"网页、网站、网恋、网上购物、点击、下载"等，这些词汇与学生的生活紧密相关，他们有兴趣识记，而且在课下或者未来学生自主阅读的其他汉语语料中也是常出现的高频词，积累这样的词汇对于提高学生阅读能力有帮助，也有较大价值。

"文化知识性"是指，语料应该具有中国文化特色。"教材内容要逐步加大文化内涵，多方面介绍目的语文化。汉语学习者一般对中国文化和社会现实感兴趣，这种兴趣甚至可能成为他们学习汉语的动力。"（刘珣，2000）关于中国文化的内容，既能引发学生的阅读兴趣，满足他们了解中国的愿望。同时，它的意义还在于：中国文化知识的丰富，使得留学生脑子里关于中国的"认知图式"更加丰富了，增加其阅读中自上而下的控制能力，提高其阅读能力。因为在阅读理解的过程中，读者是积极的、主动参与其中，阅读不仅仅是一个自下而上的堆积过程，读者还参与了自上而下的控制过程，即读者把自己的思考及丰富的情感经历都积极地融入到文章中。（卢百可，1997）这些"认知图式"可以有效地帮助学生对阅读内容进行预测和深入理解，提高其阅读的速度和深度。另外，有了这些丰富的知识，留学生可以更多、更自如地参与到与中国人的言语交际中。因为与中国人真正的深入对话，离不开这些内容的涉及和讨论，而不只是个人信息的简单交流。

阅读的语料主要可以分为两部分内容：①反映当代中国的实用内容，如教育、工作、婚姻、家庭、休闲、网络、青年、老年等，这些内容从多个角度反映了当代中国社会的各个方面；②反映中国特色的文化内容，如中国的节日、饮食、历史、传说、汉语、中国人的性格特点、中国人的情感等，这些内容表现了中国文化的特色。

2.2 阅读语料的编排方式

在选定了合适的阅读语料，并根据初级（下）学生的语言水平进行适当的修改后，接下来的问题就是如何在教材中编排这些阅读语料。我们是按照主题为纲组合阅读语料，即每课中的几篇文章都是围绕同一主题，如"独生子女"一课中的课文从多个角度全面地反映了中国独生子女的现实状况[①]，既谈到了独生子女的"小皇帝"地位，成长中的孤独寂寞等心理问题，也谈到了独生子女成人后面临的生儿育女、赡养老人等诸多难题。

之所以采用这样的方式，主要出于以下几点考虑：①同一主题的多篇文章可以更全面地从多侧面表现该主题，使留学生对此有比较全面和深入的理

---

① 本文中作为例子的课文都是出自《成功之路进步篇 读和写》（1、2）（王瑞烽、于萍编著，2008，北京语言大学出版社）。

解。留学生的阅读不能只是单纯的阅读训练，也应该是知识获取的过程。前文谈过，对于关于中国现实社会和文化特色内容的阅读，不仅仅符合学生的兴趣点，更是丰富其"认知图式"，提高其汉语阅读能力和交际能力的过程。②生词重现率高。大量研究表明，生词的重现率越高，越利于学习者掌握生词。由于一课中的多篇文章都是围绕同一主题，其词语的重现率相对较高。③为阅读后的写作提供了思想起点，提高了写作的效率。下文将对此详细论述。

2.3 其他阅读内容的设置

2.3.1 设置阅读技巧专项讲解与训练

阅读能力的提高需要靠日积月累地大量阅读。对于接触汉语阅读材料不久的留学生，对他们进行一定的阅读技巧专项讲解和训练有助于帮助他们尽快适应汉语阅读，提高其阅读能力。阅读技巧主要有：利用汉字偏旁猜测词义、利用汉字的表义性猜测词义、与口语词汇对应的书面语词汇、利用关联词或具有语篇衔接作用的虚词预测文意、利用上下文线索猜测词义等。这些阅读技巧的讲解和训练，有助于提高学生猜测词义、预测文意的能力，从而提高其阅读能力。

2.3.2 设置快速阅读

培养学生较快的阅读速度一直是汉语阅读教学的重点之一，"积累词汇和学会快速阅读是初级阅读的两大任务"。（陈贤纯，1999）在教学大纲中阅读能力的训练，也有对于不同水平学生相应的阅读速度的要求。设置快速阅读部分，可以有意识地训练和提高学生的阅读速度。

2.3.3 设置补充阅读

设置补充阅读材料，主要是基于两点考虑：第一，满足高水平学生的要求。班级集体教学一直存在的一个难题就是如何照顾不同学生的个性化要求，特别是学生的语言能力存在差异，对知识和技能掌握的层次和速度存在差异，如何使不同水平的学生都有各自相应的收获和提高，这是班级集体教学需要解决的问题。在汉语教学课堂中，特别是阅读课中，面对同一篇阅读材料，由于学生的阅读能力参差不齐，阅读速度相差较大，往往阅读水平高的学生早于规定的时间完成阅读并做完练习题，如果没有新的阅读任务，他们就会无所事事，或者感觉等待其他同学是浪费时间，增加同话题的补充阅读材料，可以让这部分学生利用好课堂的时间。第二，为课外阅读提供阅读材料。一个成功的教学过程，不能仅仅局限于课堂之上，必须有课堂之外的学习作为补充和巩固。补充阅读可作为学生课外阅读的阅读材料，通过阅读这些同话题的补充材料，既能巩固课堂的阅读教学，又能使学生更全面、更深入地理解这一话题的内容。

3. 初级汉语读写课教材中"读"和"写"结合的方式

读写教材并不仅仅是把阅读课和写作课在形式上组合到一起，阅读和写作各自有独立的体系和模式，没有体现阅读和写作紧密的有机结合，就失去了读和写结合的意义。读写教材应该将阅读的内容和写作的内容有机结合起来，使两者相互促进、协调发展，发挥出"1+1＞2"的作用。

读和写的结合主要有三种方式：

（1）针对课文中的"语块"的写作练习。语块"就是以整体形式储存在大脑中的词串，可整体或稍作改动后作为预制组块供学习者提取和使用。这种预制组块普遍存在于人脑的记忆中，而且随着我们对记忆材料的熟悉程度的增加，预制语块的数量也相应增加，从而使大脑可以存储和回忆更多的信息。"（Nattinger & DeCarrico，2000）。Lewis（1993）将这种"语块"分成四类：多词词汇（poly-words）、高频搭配组合（high frequency collocations）、固定表达（fixed-expressions）、半固定表达（semi-fixed expressions）。对外汉语教学界也有学者指出"语块"教学的价值。周健（2007）认为，"语块有助于生成地道的表达，培养汉语语感等功能"，"应该把语块运用于语法、口语、书面语的教学之中"。阅读课文中的书面语语块也有很多，如"……主要用于……""在……之间""以……的方式"。在初级汉语阶段，留学生学习和接触的多是口语体课文，对书面语词汇和语块的认读和使用的能力非常弱，在读写课教学中应该有意识地加强对这些书面语词汇和语块的写作训练，提高学生的书面语写作能力。

（2）小语段写作练习。语段在文章中承担重要作用，"如果把文章中语段与语段的关联分析清楚，进而把语段中句子与句子的关联分析清楚，一篇文章的思想脉络和行文结构上的前后关联也就和盘托出了。"（刘壮，2005）因此，必须重视语段教学。小语段的写作练习，既能锻炼学生句子的写作能力，又能锻炼学生句子与句子的组合能力，且不用像语篇那样需要太多的篇章构思，效率较高。

小语段的写作练习，还包括一种形式，即修改语段错误的练习。我们给出含有若干语法和词语使用错误的语段，这样的错误语段与错句相比，更加灵活，更容易表现语句衔接的错误,而且这些语段的内容与课文的内容相关,集中体现了学生在相关内容写作中容易出现的错误。学生通过查找和修改语段中的错误,意识到自己写作中容易出现的错误,会在以后的写作中有意识地避免。

(3)语篇写作。再以"独生子女"一课为例,学生在阅读了这一课中的多篇课文之后,围绕这一话题进行写作训练。如要求学生写一篇介绍中国独生子女情况和个人看法的文章。学生通过阅读课文对中国"独生子女"这一现象有了深入了解之后,产生了强烈的表达欲望,并使用课文中的词汇和句式将自己的想法表达出来,这样阅读和写作两个过程就自然地结合在一起。同时,相关内容的写作也加深了学生对课文的理解,并训练了文中词汇和句式的运用。

以上三种读和写的结合方式,有两个突出的特点:第一,读和写紧密结合。阅读和写作是相互关联的,阅读内容是写作内容的基础,写作内容是阅读内容的升华。第二,体现了多层次、阶梯式的教学过程,从课文中"语块"的模写到小语段写作,再到语篇写作,多方面综合训练学生的写作能力。

4. 汉语读写课中"读"和"写"内容结合的方式

孙晨曦(2014)选取了三套通用汉语读写教材[1],对其"读"和"写"结合的方式进行了研究,发现这三套教材中的"读"和"写"主要采用了三种结合方式:①阅读课文与写作仅通过内容进行结合,即写作的内容与阅读

---

[1] 这三套教材分别是《汉语阅读与写作教程》(北大版)(初级Ⅰ、Ⅱ册)(刘立新编著,北京大学出版社,2007年出版)、《成功之路进步篇 读和写》(1、2)(王瑞烽、于萍编著,北京语言大学出版社,2008年出版)、《初级汉语读写教程》(林宇、刘明编著,北京语言文化大学出版社,2000年出版)。

课文的内容相关，如阅读课文是介绍骑自行车、自驾和坐公交出行的三种方式，相应的写作是谈谈不同出行方式的好处和坏处；②阅读课文与写作仅通过体裁进行结合，如阅读课文是记叙文，相应的写作也是写一篇记叙文；③阅读课文与写作在内容与体裁上进行双重结合，如阅读课文一是父亲以儿子的名义给家里写的一封信，信的格式符合正常的书信格式，写作练习是针对信的内容写一封回信。

就这三种结合方式来说，第三种方式无疑是最好的，因为既有内容的结合，又有体裁的结合，但是这种结合方式比较难以实现，在三套教材中这种方式出现的频率较低，这可能是由于这种结合方式比较适合于应用文的写作，而应用文的种类有限，而且应用文写作也不是初级汉语写作的重要内容。"阅读课文与写作进行体裁上的结合"这种结合方式虽然比较容易实现，但是这种结合方式能教给学习者的内容也比较受限制，因为就主要的几种文章体裁来说，只有记叙文和议论文对于初级汉语学习者还比较适用，散文、小说、诗歌等文章体裁是不太适合于初级汉语学习者的，而且记叙文和议论文的体裁教学内容适合于教给初级汉语学习者也不多。对于初级汉语学习者来说，他们写作的问题更多体现在词语、句子、语段、语篇的正确性和得体性上。我们觉得，"阅读课文与写作进行内容上的结合"是对于初级汉语学习者来说最适合的方式。

4.1 结合阅读内容进行模仿性写作

在读写课中，阅读课文不仅是作为提高学生阅读能力的工具，同时也是模仿的范文和引发写作的素材。阅读课文的许多内容都可以作为引发写作和提高写作能力的"资源库"，我们可以在教学中充分发掘和利用阅读课文的内容开展多方面、多层次的写作练习。读写课中的阅读课文可以作为学生进行模仿写作的范文，其中优秀的遣词造句、连句成段、组段成篇的技巧等都可以是供学生学习的"模板"。

4.1.1 结合阅读内容中的书面语词汇和"语块"进行模仿性写作

阅读课文一般源于书籍、杂志等书面语材料，其中包含有大量的具有书面语色彩的词汇，有些书面语"语块"也值得学习。如要求学生模仿课文中含有的书面语词汇和语块，进行完成句子和改写句子的写作练习。

请模仿课文中的句子，使用例句中的书面语表达方式完成句子：

（1）课文原句：转基因食品是否安全是世界关注的热点问题。
完成句子：_____是学好汉语的关键。

（2）课文原句：这些"负翁"们负债消费主要用于住房贷款和汽车贷款。
完成句子：我每个月的生活费_____。

请模仿课文中的句子，使用例句中的书面语表达方式改写句子：

（1）课文原句：今年国内的百岁老人增加了2000人，其中大部分是女性。
改写句子：我们学校共有8000名学生，这些学生里大部分是留学生。
→ _____

（2）课文原句：这些敢于贷款消费的"负翁"们年龄一般在 25 岁到 40 岁之间。

改写句子：我们班的学生，最小的 18 岁，最大的 30 岁。→

___

4.1.2　结合阅读内容中的语句衔接方式进行模仿性写作

Haliday（1976）将篇章的衔接手段分为五种：照应（reference）、替代（substitution）、省略（ellipsis）、连接词（conjunction）、词汇衔接（lexical cohesion）。阅读课文中某些衔接连贯、流畅的语句可以作为学生模仿写作的对象，训练学生句子之间的衔接能力。在初级汉语阶段，留学生学习和接触到的大多是单句，很多时候写出来的句子每句都正确，但是句与句之间因缺乏良好的衔接而显得文章内容非常散乱。这说明留学生语句的衔接能力较弱，在读写课教学中有必要加强对语句衔接的写作训练，提高学生的书面语写作能力。如要求学生模仿课文中衔接连贯的复句和句群，进行完成句子和改写句子的写作练习。

请模仿课文中的句子，使用下面的书面语表达方式改写句子：

（1）课文原句：他终于考上了大学，而这也从此改变了他的人生。

改写句子：父母送给他一辆山地车，他最喜欢的礼物就是山地车。→

___

（2）课文原句：工作和家庭相比，无疑后者更重要。

改写句子：在我看来，快乐和金钱都很重要，但是快乐最重要。→
_____

（3）课文原句：北京的温度比上海（的温度）高得多。

改写句子：汉语的发音比英语的发音难得多。→
_____

（4）课文原句：<u>不仅</u>学到了知识，<u>而且</u>提到了能力，<u>另外</u>，还提高了自信。

改写句子：我在中国留学学习了汉语，了解了中国文化，也认识了很多朋友。→
_____

4.1.3　结合阅读内容谋篇布局的方式进行模仿性写作

　　课文谋篇布局的写作方式与课文的体裁密切相关，对这方面内容的教学也是对于不同体裁文体特征的教学。如议论文往往首先对某个问题或某件事进行分析、评论，然后通过论据论证自己的观点。如课文"QQ生活"的前两段概述了QQ等网络聊天工具备受追捧的社会现象，接下来的一段以"李小姐"使用QQ的故事谈到了网络聊天工具给她带来的心理问题，最后一段着重讨论了网络聊天工具给人的心理和社会带来的不良影响。可以引导学生理解该议论文谋篇布局的方式，即首先概述现象，然后以事例带出讨论的问题，最后对问题进行议论和评价。再如课文"网络购物"第一段谈到了网络购物给人们生活带来的便利，第二段谈到了网络购物存在的问题，第三段谈到了作者对于网络购物的看法。整篇课文是"事物的积极面——事物的消极面——作者的看法"这样的写作结构,而且每段的第一句都是本段的主题句。可以引导学生有意识地以这样的文章结构以及主题句的方式来进行写作,如写作"网络游戏之我见":

网络游戏丰富了我们的生活。_____

_____

网络游戏也造成了很多问题。_____

_____

对于网络游戏,我认为_____

_____

记叙文一般是按照事情的发生、发展和结局的顺序结构来写,记叙文中一般包含时间、地点、人物、事件的起因、经过、结果等六个要素。在学习记叙文的时候,应该引导学生注意课文的这种顺序结构和其中的诸多要素,并在写作时加以注意。除此以外,课文中那些精彩的人物描写和环境描写的片段,也应该重点分析,然后让学生模仿这些片段进行人物描写和环境描写。

书信是最常用的应用文之一,一般也是留学生写作教学的重要内容。与其他应用文一样,书信也具有比较稳定的通用格式和体例。书信的结构一般为称呼、问候语、正文、祝颂语、署名和日期,在学习书信文体的课文时,应该引导学生理解书信的结构,在进行书信写作时依照这样的结构规范进行写作。

4.2 结合阅读内容进行引发性写作

罗青松（2002）指出导向写作的阅读与单纯的阅读教学或写作教学都有所不同：它要求读后完成一些具体的写作任务，用写的形式对阅读教材做出即时的反应。阅读材料既是范文，又是专题写作的资料来源。在设置阅读任务的时候应结合写作能力的培养，针对某个问题引导学生对阅读材料进行思考，并表述自己的观点，形成有效的读写互动关系。

读写课中的阅读课文除了可以作为供学生模仿学习的范文，还可以作为引发学生写作的素材。学生通过阅读课文认识了某一主题的词汇、句式，并了解了这一主题相关的知识内容，产生了一定的思考和表达欲望，可以引导学生使用学到的词汇和句式对自己的个人观点进行表达。阅读课文的主题和部分信息点都可以作为引发学生写作的"诱发点"。

4.2.1 结合阅读内容中的信息引发写作

课文包含很多信息，如议论文中的某种现象、叙述文中的人物的特征、故事的发展等，这些都可以充分加以利用来引发学生的写作。

有的课文是针对某一现象进行叙述和议论，如课文"网络人生"谈到了关于网络的诸多现象：网上购物、网络聊天、网瘾、网恋等，这些现象与学生的现实生活密切相关，可以引导学生在对这些问题进行讨论和思考的基础上，以"网络与我们的生活"为题进行写作。

故事类课文往往采用第三人称进行叙述，可以引导学生假设自己是故事中的主人公，从主人公的角度以第一人称进行故事的表达。如课文"梁山伯与祝英台"讲述了梁山伯与祝英台的故事，可以引导学生假设自己是梁山伯或者祝英台，写出两人发生的故事。这个题目不仅可以让学生的写作以课文的故事脉络作为依托，而且也给学生留下了许多自由想象的空间，比如"祝英台"在写两人在学校认识、共同学习的生活的时候，可以描写自己爱慕梁山伯，却不能表达的内心纠结等。而"梁山伯"在写两人的故事的时候，可以描写自己喜欢祝英台，但对方却也是"男生"的遗憾，以及后来得知祝英台其实是女生后的喜悦。

4.2.2 结合阅读内容中的"空白"信息引发写作

阅读课文中，特别是故事类的叙述文中，往往含有一些作者一笔带过、未加详述的信息点，这样的"空白"信息给学生留下了一定的想象空间，可以引导学生根据课文的上下文语境对此展开想象，并将这种想象书面表述出来，对课文进行补写或者续写。如"梁山伯与祝英台"的课文只是提到祝英台听说梁山伯去世的消息以后就以死殉情了，并没有对祝英台当时的心理活动进行描写，如她当时痛苦的心情，做出殉情的决定，计划的实施等，这是一处"空白"信息，可以引导学生对此展开想象，写出这部分内容。同样还是这个故事，故事中只提到梁山伯去祝家求亲，但是祝英台父母不同意。课文中并没有描写梁山伯当时准备求亲以及求亲的过程，还有被祝英台父母拒绝后的心理状态等，这些"空白"信息也是值得好好利用引发学生补充写作的内容。

除了补充课文中的"空白"信息以外，还可以引导学生根据上下文进行想象，在课文后面续写故事。如"守株待兔"故事的结尾是以那个农夫继续在树桩下等待兔子而未得，其实这个故事还有继续延续的空间，可以引导学生想象这个农夫这件事情之后的生活及心理活动等。很多课文不仅仅讲述一个故事，更重要的是可以引发读者思考，让读者明白一定的道理，可以引导学生就故事内容在课文后进行一定的议论性写作。如"塞翁失马"的课文只是以塞翁的儿子幸运地没有去战场为结尾，可以让学生在课文后面写出这个故事蕴含的道理。为了让学生的写作更规范、更有目标，还可以辅以语句加以引导：

"塞翁失马"这个故事告诉我们这样一个道理：_____。因此，在我们的生活中，当遇到麻烦、困难的时候，我们应该_____；而当我们_____，我们也应该_____。

5. 汉语读写课中"读"和"写"内容结合的作用

读写课中"读"和"写"这种内容结合的方式可以使这两种技能产生相互促进、协调发展的作用：

（1）加强阅读有益于培养语感，转化过程从而变得更加顺畅。在语言教学中，语感被理解为对语言的感性反映。它是一种直觉，是在长期的规范语言运用和语言训练中养成的带有浓重经验色彩的，比较直接、迅速的对语言的感悟领会能力。当学生在阅读与自己处在相同的心理结构和认识结构及相近的文化层次的读物作为阅读材料时，他们会对材料中的一部分信息和知识如词汇、语法、语言表达方式、文体意识等通过心理结构、认知结构来选择、吸收、改造和加工，直至同化，使语感在潜意识中得到积累。从课文中学习写作的方法，加强由读到写的迁移，让学生由不会写，到通过对课文的模仿、借鉴，把范文的表达方式转化为自己会运用的表达技能。吴平（1999）提出"在写作教学中，应当创造一种适当的语言环境，提供一定数量的语言材料。作为语篇衔接的句法结构和语篇的宏观结构都贮存在长期记忆之中，当学生贮存了一定数量的汉语语篇信息进行写作时，其中一些贮存的相关部分就被激活，所写出的语篇实际上是同样的信息被重复激活之后建立起来的。用汉语语篇去尽可能多地影响学生，从而使学生的作文能较多地以正确的形式出现。"Shen（2000）依据自己的调查结果，并从大脑对信息的处理、社会语言学和心理语言学的角度，对阅读和写作的密切关系进行了分析。她认为，教授阅读和写作的最好方法是把它们有机地结合在一起，进行以阅读为基础的写作（reading text-based writing）是一种可选的办法。

（2）阅读内容为学生的写作提供了思想起点，使得写作训练的效率更高。根据陈贤纯（2003）的研究，话语形成的心理过程（写作）分为两个阶段：第一个阶段是从话语动机发展到命题树即深层结构，第二个阶段是从命题树深层结构转换到表层形式。语言表达心理过程中的第一阶段跟对外汉语教学关系不大，它应该是母语教育内容的一部分。对外汉语教学初中级阶段写作实际上只涉及第二阶段的转换过程。因此，我们不需要把第一阶段的发展过程也纳入写作课，否则就加重了写作课的负担，降低了写作课的效率。实际上我们要训练的是第二阶段的心理过程，是从命题树到表层的转换，如何使二语者的表达符合中文的语法、中文的习惯。

由于写作的内容与阅读内容紧密相关，学生在阅读了大量相关话题的课文，对于这一话题有了比较深入的理解，对接下来相关话题的写作提供了思想起点，减少了构思命题树的时间，只需要将心中对此话题的想法用汉语表达出来。这样就集中强化了对汉语写作能力的训练，提高了写作的效率。

（3）读和写的结合增强了课堂的节奏感和生动性。我们在教学中发现，在单纯的阅读课和写作课中，学生只是埋头苦读或仅是笔耕不辍，由于内容和形式单一，课堂缺乏节奏感和变化，气氛过于沉闷，学生很容易产生厌倦感，学习效率极低。而读和写的结合，使得学生在课堂上既有阅读，又有写作，两种技能都得到了锻炼，同时也使得课堂节奏生动，有变化，更容易保持学生的新鲜感和注意力。

6. 结语

设置以培养留学生汉语书面语阅读和写作能力的读写课，不仅对于对外汉语教学研究具有一定的探索意义，也对于对外汉语教学课程体系的充实和发展具有积极的作用。但是，如何在读写课教材和教学中使阅读和写作有机、有效地结合在一起，使两者相互促进、有效互动，特别是使"读"和"写"在内容与体裁上进行双重结合，这是一个值得深入研究的课题。

除了从对外汉语教学的视角对这一课题进行研究以外，我们还应该看到，不论是国内还是国外的中小学语文教学界（Lenski & Johns，1997；Fitzgeral & Shannahan，2000；叶黎明，2006；杨世碧，2008；朱建军，2010）和国内的英语教学界（陈立平，2001；张新玲，2009；周莉，2011）已经对于读写结合的问题进行了多年的理论和实践探索，这一领域的研究值得我们对外汉语教学界借鉴和吸收，以推动对外汉语读写课教材和教学的发展。

参考文献

陈立平（2001）从阅读与写作的关系看写作教学中的范文教学，《外语与外语学》第 4 期。

陈贤纯（1999）对外汉语中级阶段教学改革构想——词语的集中强化教学，《世界汉语教学》第 4 期。

陈贤纯（2003）对外汉语教学写作课初探，《语言教学与研究》第 5 期。

崔永华（1999）基础汉语教学模式的改革，《世界汉语教学》第 1 期。

金　丹（2012）以学习者需求为中心编写中医汉语读写教材，《河南职工医学院学报》第 2 期。

李海鸥（2009）对外汉语课堂教学的路径设置与实施——基于初级汉语读写课教学案例的分析，《暨南大学华文学院学报》第 2 期。

李晓琪（2006）《对外汉语阅读与写作教学研究》，商务印书馆。

刘颂浩（2005）对阅读教学研究的若干思考，《对外汉语教学研究》，教育科学出版社。

刘　珣（2000）《对外汉语教育学引论》，北京语言大学出版社。

刘　壮（2005）重视书面语教学 进行系统化研究，《汉语学习》第 4 期。

卢百可（1997）如何为成人第二语言学习者创作一门有效的精读课，《第二语言（汉语）教学论集》（第二集），民族出版社。

鲁健骥（2003）口笔语分科 精泛读并举——对外汉语教学改进模式构想，《世界汉语教学》第 2 期。

陆　琳（2010）基于口语句型为核心的对外汉语短期培训系列教材——《走进汉语——初级听说/初级读写》评介，《现代语文》第5期。

罗青松（2002）《对外汉语写作教学研究》，社会科学出版社。

孙晨曦（2014）对三套初级对外汉语读写教材中练习的研究，北京语言大学硕士学位论文。

吴　平（1999）从学习策略到对外汉语写作教学，《汉语学习》第3期。

杨世碧（2008）国内外小学作文教学现状及我们的应对策略，《课程·教材·教法》第3期。

姚梅林、赵丽琴（2005）整合性的语言教学艺术——美国学校读写教学概观，《语文建设》第5期。

叶黎明（2006）美国语文教材中的读写结合：借鉴与讨论，《语文建设》第5期。

张新玲（2009）读写结合写作任务研究综述，《天津外国语学院学报》第1期。

周　健（2007）语块在对外汉语教学中的价值和作用，《暨南学报（哲学社会科学版）》第1期。

周　莉（2011）初中英语读写结合模式促进有效写作教学的探讨，《课程·教材·教法》第9期。

朱建军（2010）中学语文课程"读写结合"研究，华东师范大学博士学位论文。

Fitzgerald, J. & Shanahan, T.（2000）Reading and writing relations and their development. *Educational Psychologist*. 35：39-50.

Lenski, S. D. & Johns, J. L.（1997）Patterns of reading-to-write. *Reading Research And Instruction*, 37：15-38.

Haliday, M. A. K. & Hasan, R.（1976）*Cohesion in English*. Longman.

Krashen, S.（1981）*Principle and practice in second language acquisition*. Oxford：Pergamon.

Lewis, M.（1993）*The Lexical Approach*.Hove.England：LTP.

Nattinger, J., Decarrico, J.（2000）*Lexical Phrases and Language Teaching*. 上海外语教育出版社.

Shen, H.（2000）The Interconnections of Reading Text Based Writing and Reading Comprehension among College Intermediate Learners of Chinese as a Foreign Language. *JCLTA*, 35：3. 29-48.

Swain, M.（1985）Communicative competence：Some roles of comprehensible input and comprehensible output in its development. In S. Gass& C. Madden（eds.）, *Input in Second Language Acquisition*. Rowley, MA：Newbury House.

Swain, M.（1995）Three functions of output in second language learning. *In G. Cook& B. Seidlhofer*（eds.）, *Principle and Practice in Applied Linguistics*, 125-144. Oxford：Oxford University Press.

第四章　初级汉语教材中汉字教学的处理方式分析和教学改革思考[①]

在对外汉语教学中，如何处理汉字教学是一个难点。这主要是因为语法教学必须以结构或者功能为纲，这样语法教学中汉字的出现顺序必然不能以体现汉字规律的顺序出现，而这正是汉字教学效率低下的主要原因。（张静贤，1998）

我们必须寻求语法教学中汉字教学的最合理方式。这就有必要考察以往和当前的基础汉语教材对其中的汉字采取了什么样的处理方式，因为这些处理方式反映了不同时期教材编写者甚至是整个对外汉语教学界对这一问题的解决思路，而这也是我们寻求解决该问题更合理方式的起点。

本文将选择一批不同历史时期比较有影响力的教材，分析其汉字教学的处理方式，并在此基础上，讨论更合理的汉字教学方式。

[①] 本章部分内容曾以"基础汉语教材中汉字教学的处理方式分析"（《汉字·汉语·汉文化》，翟汛主编，2004年）为题发表。

1. 基础汉语教材中汉字教学的处理方式

1.1 选择的教材

北京语言大学、北京大学、复旦大学进行对外汉语教学的历史较长、规模较大，在不同历史时期编写了一些有相当大影响力的教材，因此，我们选择了以上三个单位编写的较有影响的基础汉语教材。

根据上面的原则，本研究选定的教材为：

北京语言大学：《基础汉语课本》（语言学院，1980年）；《实用汉语课本》（刘珣，1984年）；《现代汉语教程》（李德津，1988年）；《普通汉语教程》（语言学院，1988年）；《初级汉语课本》（留学生三系，1991年）；《标准汉语教程》（黄政澄，1998年）；《速成汉语教程》（郭志良，1996年）；《汉语教程》（杨寄洲，2000年）。

北京大学：《汉语教科书》（北京大学外国留学生中国语文专修班，1958年）；《汉语初级教程》（邓懿，1987年）。

复旦大学：《今日汉语》（胡裕树，1986年）；《新汉语课本》（复旦大学国际交流文化学院，1990年）；《标准汉语教程》（王国安，1998年）。

1.2 确定所教授的生字

以上教材一般都在每课的末尾附有本课的"生字表"。《汉语初级教程》《初级汉语课本》的"生字表"在附属的练习册中。我们把每课"生字表"

中的生字看作是本课所教授的生字。《标准汉语教程》（王）和《新汉语课本》没有出现"生字表"，我们把每课"词语表"中的生字看作是本课教授的生字。

"生字表"中的字与本课语法教学出现的字存在两种关系：第一，"生字表"中的字与本课语法教学中出现的字完全相同；第二，"生字表"中的生字并不与本课句型教学中出现的生字完全对应，一般是少于本课句型教学中的生字。

1.3 汉字教学的处理方式

从总体上说，以上教材中，汉字教学的处理方式分为两种。

第一种是"完全随文识字"，即语法教学涉及什么生字就教授什么生字，所教生字为课文中出现的生字，不对语法教学中的生字做任何控制。这样的教材有《标准汉语教程》（王）、《今日汉语》、《实用汉语课本》。虽然《实用汉语课本》课文为"汉字与拼音糅合"，即大部分为汉字，有的词语不出现汉字，只出现拼音，但是，其拼音对应的汉字是人名、地名等"专名"，如第一课的"帕、兰、卡、古、波"，第六课的"中国"。有的"专名"中的字如"古"、"中"形体不复杂，而且，在其他教材中"专名"一般也不作为生字教授，因此，不把这种方式看作是对教学汉字的控制。

第二种是对语法教学中的生字做一定控制。这种控制主要表现在以下三个方面：

（1）对难字的控制。主要有两种方式：

第一种，在语法教学的课文中，形体复杂的难字只出现拼音。《新汉语课本》前十课为"拼音课文"，即课文为拼音，不出现汉字。《速成汉语课本》第3课，有一篇为拼音课文，只在"词语表"和"生字表"中出现课文中某些拼音对应的汉字,对于那些字形复杂的字,不出现汉字。《现代汉语教程》第1课的课文形式为"汉字与拼音糅合"。第四课中形体复杂的字,如"老、师、这、楼、茶",只出现音节,不出现汉字。

第二种,形体复杂的字不作为生字教授。每课课文中的汉字"部分随文识字",即选取课文中的部分生字作为生字教授。如《普通汉语教程》、《初级汉语课本》、《汉语教程》。《普通汉语教程》只在前八课做这种控制,教授课文中的部分生字。《初级汉语课本》、《汉语教程》则在前几册中都做这样的控制。《初级汉语课本》的"说明"中明确说明:"有些复杂但常用的汉字,放到后期教;复杂而不常用的汉字则不教。"

(2)在初期增加一些形体简单的字的教授。有的教材在初期设置单独的语音教学阶段,在此阶段,除了教授语音,还教授部分形体简单的汉字,主要是与所学音节有关的汉字。由于某一音节对应的汉字有很多,所以,汉字教学就具有较大自由性,因此,可以在教某一音节时选择需要的汉字,特别是那些字形简单的汉字。如教"da"时就可以教授其对应的字中形体简单的"大"。如《标准汉语教程》(黄)第一课教授的生字为"一、五、米、马、力",第二课为"八、大、弟、来、白、夫、头"。

有的教材语法教学与语音教学同步开始。[①] 由于刚开始的句型很简单,如"你好""你忙么?"生字不多,有的教材除了教授这些生字以外,还增加了一些语音教学中某些音节对应的汉字。如《汉语教程》第一课除了"你、好",还增加了"一、五、八、大、口、白、女、马"。这样的教材还有《速成汉语教程》《普通汉语教程》《基础汉语课本》《初级汉语课本》《现代汉语教程》。

---

① 其中有的教材,如《基础汉语课本》《现代汉语教程》《普通汉语教程》,第一课只教语音,从第二课开始语法教学,可以说语法教学与语音教学基本同步开始。

值得一提的是，《现代汉语教程》还有意识地选择字形简单的独体字和合体字在一课中教授，如第二课教授了"口""马""吗""妈"；第三课教授了"门""们"；第四课教授了"日""是"。

（3）在初期集中教授部分汉字和部件。《汉语教科书》在前八课集中教授了部分汉字并对这些汉字作了部件分析和练习。如第四课教授的生字为"去、唱"，第五课为"国、汉、字"，同时也教授这些字的部件，如"字"的部件"子"和"宀"。

《汉语初级教程》附带的《汉字练习册》第1课集中教授了部分常用部件，并设计了大量的书写练习要求学生书写，以熟练识写这些部件，还把其中部分部件组合成汉字，以体现汉字的组合性。

有两点需要说明：第一，并不是一部教材只采用其中一种方式，有的教材同时采用两种以上的方式，如《现代汉语教程》既对难字作控制，也增加形体简单的字的教授；第二，以上提到的三种对生字的控制方式，一般都是在初期，往往只在前几课，后面的课则不进行控制，开始"完全随文识字"。

这些教材中汉字教学的处理方式可以归纳为下表：

表1　各教材对汉字教学的处理方式

	完全随文识字	控制难字	初期增加形体简单的字	初期集中教授部分汉字和部件
汉语教科书				＋
基础汉语课本			＋	
实用汉语课本	＋			
今日汉语	＋			
汉语初级教程				＋
现代汉语教程		＋	＋	

续表

	完全随文识字	控制难字	初期增加形体简单的字	初期集中教授部分汉字和部件
普通汉语教程		＋	＋	
新汉语课本		＋		
初级汉语课本		＋	＋	
速成汉语课本		＋	＋	
标准汉语教程（黄）			＋	
标准汉语教程（王）	＋			
汉语教程		＋	＋	

注：教材依据出版时间由上到下排列。

2. 教学汉字的控制方式的利弊分析

"完全随文识字"这种方式反映了教材编写者对汉字教学的忽视。采用这样的处理方式，如果在编写句型教学课文时没有考虑汉字的字量和字形，往往造成开始的几课生字量过大，汉字字形过于复杂。如《标准汉语教程》（王）在句型教学开始之前设置了五课独立的语音教学阶段，专门教语音，不出现汉字，第六课开始句型教学，一下子出现了15个汉字，接下来的六课的生字量分别为21、19、30、36、37、34，而且，这些字中有很多字形复杂的字。每课这么多的生字，还有许多形体复杂的字，学生很难掌握。更严重的是在学生刚接触汉字时，大量且形体较复杂的生字一拥而上，往往会使很多学生对汉字学习失去信心。

2.1 对于字形复杂字的控制的利弊分析

对于字形复杂的字一般采取的两种方式：一种是只出现拼音，不出现汉字；另一种是出现汉字，但只要求学生识记，并不要求会书写。比较而言，后一种优于前一种。前一种方式把学生识记汉字的困难设想得过大，而且这样做也不利于教学。初期不出现汉字，学生往往对拼音过分依赖，当后期大规模出现汉字时，一时难以适应，造成识记和书写上的巨大困难。这已被教学实践所证明。其实，字形复杂的字识记并不困难，难在书写。在初期，学生刚接触汉字，那些字形复杂的字只要求学生识记但不书写，既能大大减轻这个时候学生学习汉字的压力，又能为以后书写这些汉字打下一定的基础。

2.2 在初期增加一些形体简单的字的利弊分析

在初期增加一些形体简单的字，能起到减轻学生识写汉字的困难的作用。但是，如果这些字构字率不高，那么作用仅限于此。如"二、三、四、五"等识写起来肯定不难，但是由于它们构字率不高，学生掌握了这些字对于识写以后遇到的字没有太大的帮助。有的教材增加的字，不仅形体简单，而且有较高的构字率，如"白、大"，在初期教授学生识写这样的字，不仅可以减轻这时候学生识写汉字的困难，而且对于识写以后的字有帮助，一举两得，是一种很好的设置思路。

《现代汉语教程》除了注意选择那些具有较高构字率的独体字，还有意识安排包含构字率高的独体字的合体字在一课中教授，这样可以让学生理解汉字的组合性，在设计上更高一筹。

2.3 在初期集中教授部分汉字及其部件的利弊分析

这种方式增加了对构字率较高的部件的教授和练习，学生掌握了这些部件，对于识写以后的汉字肯定有很大帮助，而且也会理解到汉字的组合规律。这种设计思路更合理、更完善。可以说，在本文调查的教材所采用的处理方式中，这种处理方式是最为合理的处理方式。

2.4 总结

以上三种对生字的控制方式，一般都是在初期，往往只在前几课，后面的课则不进行控制，"完全随文识字"。这就使得以上教材表现出这样的特点：前几课的生字量和生字的难度控制得很好，量不多，而且每课较为均衡，字也不难。但是过了控制时期，每课生字量和生字的难度变得不均衡，有的课则字量很少，难字也不多，有的课则字量很多，难字很多。由于编写语法教学课文时大多根本没有考虑汉字的因素，控制期后面的每课生字量往往很大。有的教材从控制到不控制转变得太突然，生字量和生字的难度陡然增加。如《普通汉语教程》前 8 课做了控制，每课的生字量都在 10 个左右，而从第 9 课不做控制，生字量一下子增加到了 20 多个，这种突然的变化，肯定会让学生非常不适应。

通过上面的分析，我们可以看出，不对汉字的教学进行任何控制的教材相对而言并不多，只有 3 部，其他教材都对汉字的教学做了控制。由此可以看出，大多数教材编写者都没有忽视汉字教学，都试图对汉字教学采取适当的处理方式，以提高汉字教学的效率。

但是，从表1可以看出，前期教材对汉字教学进行的有效处理并没有被后面的所有教材所吸收，也就是说，后期的基础汉语教材中的汉字教学并不都比前期的教材中的汉字教学更进步、更完善。就"初期集中教授部分汉字和部件"这种处理方式来说，这些教材中最早的《汉语教科书》就已经采用了，但是，后面的绝大多数教材都没有把这种很好的处理方式加以吸收或改进。就"完全随文识字"这种处理方式来说，这种不对汉字教学作任何控制的方式，在后期出版的教材中有的教材仍然采用，可以说，前面已出版的教材所做的积极有效的处理方式被完全忽略了，这对教材的发展和教学的效率都是很大的损失。造成以上状况的主要原因很可能就是教材编写者没有对已出版教材的汉字教学情况进行全面、细致的考察和分析。现有的研究必须以以往的研究为基础，教材的编写也应该吸收以往教材优秀的处理方式。

3. 汉字教学的三个核心问题

汉字教学需要改革，但是要对汉字教学革新思路进行正确的分析和评价，就需要首先思考汉字教学的基本问题。

3.1 汉字教学存在的最大难题是什么？

汉字教学的随意性。很多学者（张静贤，1998；吕必松，1999；陈绂，1999）都指出了这个问题。由于汉字教学依附于语法教学，即语法教学中出现什么字，就教授什么字，因此带有太大的随意性，没有利用汉字规律由易到难地教授汉字。由于语法教学中所要教授和练习的词汇，特别是在初期，是以口语的常用性为基本点，如"谢谢""对不起"这些常用的表达方式必然是首先出现的，但是，这些词汇的书面形式却是相对复杂的。相反，一些字形简单的字，如"贝""目"含有它们的词汇也不是最常用的。正是由于语法教学的教学顺序与汉字由易到难的顺序不一致，存在难以调和的矛盾，而汉字教学又依附于语法教学，造成了整个汉字教学处于一种无序、随意的状态。

汉字教学没有独立的地位也是汉字教学中存在的问题。对外汉语教学中，语音教学和语法教学都有非常明确的目标，而且在课时上都有独立的安排，以保证教学目标的实现。但在大多数教学单位，基础汉语教学阶段没有设置单独的汉字课，汉字教学一直是主要承载语法教学的综合课的一部分，这就需要教师在综合课中拿出一部分时间来教授每课的生字。但在实际教学中，语法教学的内容很多，教师往往集中精力完成语法教学的任务，很少有时间来教授每课的生字。有的教师在语法教学任务完成之后，用剩余的时间教一下本课的生字，至于剩余多少时间，要看当课语法教学任务的完成情况。大部分教师根本不在综合课上教写生字，生字的书写都是作为课后作业布置。有的教材附有专门的汉字练习册，但是由于没有课时上的独立安排，练习册只是作为学生课后练习汉字用的材料，里面的汉字知识学生能懂多少，汉字练习能做多少，根本无法保证，它们发挥的作用实际也没有多少。

汉字教学的实现，需要给予它以独立的地位，在课时上有独立的安排，必须在现有的课程体系中增加独立的汉字课。这是汉字教学改革的前提，没有独立的课时保证，再完美的汉字教学的设计也是空谈。

3.2 汉字教学的设置时期

"汉字难，难在入门。"（吕必松，1999）大部分留学生对汉字的识写感到困难主要是在初期，特别是非汉字圈的留学生刚接触汉字时不知汉字如何分析，往往把汉字看成一幅难懂的画。在坚持学习了大量的汉字之后，学生能够从中发现汉字的一些规律，识写汉字的能力大为提高。王碧霞等（1994）通过调查，把留学生学习汉字的过程分为"摸索期""过渡期""适应期"，这反映出留学生汉字学习的发展过程。调查的对象是学习现有基础汉语教材的留学生，这些教材中的汉字教学在设置上和教学实践上都没有给予关注。虽然这样，很多留学生还是能发现汉字规律。这是不是就意味着汉字教学没有改革的需要？不是。应当注意，留学生由盲目、模糊的"摸索期"到达清楚、理性的"适应期"要经历很长的时期，需要在课余花费大量时间来进行汉字的识写练习，才能完成这种过渡。在这一时期内，汉字的识写对留学生来说，是大问题，汉字识写的困难严重影响到其他语言要素的学习。当然，还有很多留学生由于认知能力相对较低或缺乏课余足够、大量的识写练习，根本无法完成这种过渡，严重影响了其汉语水平的进一步提高。

既然学生在基础阶段汉字识写难度最大，我们就应该从学生一接触汉字就进行有效的汉字教学，帮助他们尽快地理解汉字的规律，提高他们的汉字识写能力。这种汉字教学应该持续多长时间呢？当然时间越长越能充分锻炼学生的汉字能力。但是，若持续时间太长，就会对现有的课程体系产生太大的影响，整个课程体系就得相应地做大的调整：或者增加课时以用来进行独立的汉字教学，或者在总课时量不变的前提下减少其他课的课时以用来进行独立的汉字教学。无论哪种调整都会较大地影响到其他课，特别是综合课的教学，这就无法保证综合课教学任务的完成，有顾此失彼之嫌。

3.3 汉字教学应该重点教什么?

汉字教学应该重点教什么？要正确回答这个问题必须思考对外汉字教学的目标是什么。上文讨论过，留学生在接触汉字的初期识写汉字的困难很大，不能分析汉字，"囫囵吞枣"。根据这一实际情况，汉字教学的目标应该确立为使留学生能够分析汉字，掌握正确识写汉字的方法。如何才能使学生分析汉字呢？对于某个汉字的分析，其基础是对于这个汉字组成部分（也就是"部件"）的识别。汉字的部件在构字率上存在很大的差别，使学生识别和掌握那些构字率很高的部件，对于学生正确分析和掌握大部分汉字有很重要的作用。

4. 汉字教学改革的三种思路

4.1 思路一：将汉字教学与语法教学完全分离

第一种思路是，将汉字教学与语法教学完全分离。既然按照语法教学的教学顺序无法由易到难地教授汉字，那么，最简便的方法就是将两者分离开，各自按照合适的方式安排教学。这样，汉字教学就可以总体上按照汉字规律，由易到难地进行。很多学者已经身体力行地实践这一思路，编写了很多体现这一思路的汉字教材。① 虽然这些教材具体采用的方法不同，但总体上说来

---

① 现在已出版了大量的独立汉字教材，如《外国人汉字速成》、《汉字书写入门》、《汉字津梁》等。

都按由易到难的顺序教授汉字，这比原来无序、随意的教学方式更合理，更利于学生接受和掌握。

这样看来，似乎只要把这些教材运用到实际教学中就能把汉字教学很好地解决了。但是，问题并不这么简单。因为汉字教学并不是汉语教学的全部，在汉语教学初期，语法教学必然要占很大的比重，而进行语法教学就必然涉及很多汉字，这些汉字如何解决呢？能置之不管么？显然不能。这些汉字学生在做练习和考试中都要使用，学生也必须做到能识会写，这样，学生既要以不符合汉字规律的顺序识写语法教学中的生字，又要识写汉字教材中的生字，学生的负担反而更重了，同时，课时也更为紧张。所以，这样的做法看似简便，但实际上在操作上更复杂、低效，因此，这样的教材虽然很早就已经出现，并没有在实际教学中得到普遍的应用，仅作为学生课外自学的辅助资料。

4.2 思路二：使语法教学中出现的汉字由易到难出现

第二种思路是，试图调和语法教学中汉字出现顺序和汉字由易到难顺序的矛盾，即试图使语法教学中出现的汉字尽可能以由易到难的顺序出现。有学者已经对这一思路进行了一定的思考。华卫民（1999）主张，口语（语法）教学要"适当地考虑到汉字教学的需要，即汉字出现的先后顺序。争取将含有某独体字的词先于含有其合体字的词。但这种配合不能违反口语教学中新词出现的正常顺序。"他还具体讨论了这种调整：有的本来在语法教学中一般是后出现的字可以调整到前面，如"头"一般在"买""卖"之后出现，可以在设计语法教学时，将"火车头、木头、吃鱼头"这样的词组靠前编排，这样就可以先学"头"，再学含有它的合体字"买""卖"；有的独体字不可能编排在其组成的合体字之后，如"身""寸"和"谢"，对其采取出现而不教，留到独体字学过之后再教；有的合体字含有的独体字不属于初级汉语的范围，甚至是生僻字，就直接教合体字，不教其含有的独体字。

通过他的论述，这一思路看起来是可行的。但是，究竟有多少独体字可以在语法教学中编排到合体字的前面？恐怕不会太多。大部分合体字在语法教学中可能不能做这样的调整，只能出现在独体字之前，那这样只能将合体字留到其含有的独体字学过之后再教。但是，如果这样的话，语法教学的练习和考试中必然需要书写这些合体字，怎么办？只要求学生写拼音？似乎不太合适。这样看来，这种思路实际操作并不合理。

4.3 思路三：将汉字教学与语法教学先分后合

第三种思路是，将汉字教学与语法教学先分后合。一些学者（李文治等，1984；张旺熹，1990；冯丽萍，1998；翟汛，1999）提出在基础汉语教学中设置一个相对集中的强化阶段，在这一阶段中，通过教授部分基本汉字或部件来帮助学生了解汉字系统的基本知识，掌握汉字学习的基本规律，以便为以后的汉字教学打下良好的基础。这一阶段结束后，汉字教学开始依附于语法教学，教授语法教学中出现的汉字。

比较而言，这种思路是可行的。原因主要在于：

（1）妥善解决了语法教学中汉字教学的问题。通过前面的分析可以知道，由于语法教学的教学顺序与汉字由易到难的顺序不一致，存在难以调和的矛盾，而让两者按照两套系统分别进行会加重了学生的负担，在实质上也没有解决语法教学中的汉字问题。在学生接触汉字的时期设置集中强化基本汉字和部件的阶段，使学生具备分析和记忆新汉字的能力，在以后的汉字学习中能运用这种能力来识记语法教学中的新汉字，既能使得学生比较轻松地识记汉字，也能使语法教学顺利地进行。

（2）符合汉字教学的根本目的。前文谈过，汉字教学的目的是使学生能够正确分析并识记汉字。

（3）更具有可操作性。不会对现有课程体系造成太大的影响。

下面，对这个思路做更具体的设想。

（1）设置方式。设置独立的汉字课，从汉语教学一开始到第三周结束，每天增加两节汉字课。汉语教学的初期必须给予汉字教学足够的重视。有了独立课时的保证，才能保证汉字教学的充分实施。

（2）教学内容的确定。通过常用字的分析，精选出一部分构字能力强的汉字和部件。这可以在前人研究的基础上进行。崔永华（1997）对《汉语水平考试词汇大纲》中的8822个词所使用的2866个汉字进行分析，得出537个部件和汉字，并对它们的构字率做了统计。我们可以从中选择200个左右构字率较高的汉字和部件，作为汉字教学阶段的教授内容。为了体现汉字的组合规律，可以把其中部分汉字和部件相互组合构成的汉字也作为教学内容。

（3）教授顺序。总的教授顺序是根据这些汉字和部件根据笔画数的多少，按从少到多的顺序教授。在遵循这一原则前提下，做以下两点处理：第一，为了帮助学生区别形近汉字和部件，把形近的汉字和部件同时教授，引导学生注意它们形体上的差别。如"日"和"目"同时教。第二，为了让学生理解汉字的组合规律，在某些汉字和部件学过以后，教授它们相互组合构成的汉字，如教了"女"和"子"之后接着教"好"。

需要说明的是，此阶段的汉字教学主要的目的是让学生掌握一些构字率极高的汉字和部件，理解汉字的组合规律，为以后识记和书写汉字打下一定的基础。在此阶段结束之后，不再设置独立的汉字课，教师可以在综合课中用少量的时间教写每课生字包含的未教部件，并开始进入随文识字的阶段。

参考文献

陈　绂（1999）谈汉字及汉字教学，《汉字与汉字教学研究论文选》，北京大学出版社。

崔永华（1997）汉字部件和对外汉字教学，《语言文字应用》第 2 期。

冯丽萍（1998）汉字认知规律研究综述，《世界汉语教学》第 2 期。

华卫民（1999）谈汉语双轨教学中汉字的引入，《汉字与汉字教学研究论文选》，北京大学出版社。

李文治、岳维善、张永亮（1984）字素拼合法在汉语教学中的作用，《语言教学与研究》第 2 期。

吕必松（1999）汉字教学与汉语教学，《汉字与汉字教学研究论文选》，北京大学出版社。

王碧霞、李宁、种国胜、徐叶菁（1994）从留学生识记汉字的心理过程探讨基础阶段汉字教学，《语言教学与研究》第 4 期。

翟　汛（1999）关于初级汉语读写课中汉字教学与教材编写的思考，《汉字与汉字教学研究论文选》，北京大学出版社。

张静贤（1998）关于编写对外汉字教材的思考，《语言教学与研究》第 2 期。

张旺熹（1990）从汉字部件到汉字结构，《世界汉语教学》第 2 期。

下编

虚词教学研究

第五章　虚词关联的预设及其教学[①]

1. 预设理论

预设（presupposition）是西方语义学和语用学研究应用的重要概念，又被译为前提（何自然，1988；黄次栋，1986；徐家祯，1986）、先设（徐烈炯，1995）。预设是"以实际的语言结构意义为根据，靠逻辑概念、语义、语境等推断出话语的先决条件。"（何自然，1988）比如：

（1）他是干部，也没多干一点。
（2）他是干部，也没少干一点。

这两句的预设是不同的，分别是：

（3）是干部就应该多干点儿。

---

① 本文主要内容曾以"预设差异副词所关联的预设及其教学"（《语言文字应用》2006年第1期）、"预设理论与听力理解多项选择题的编写"（《语言文字应用》（对外汉语教学与研究专辑），2002年12月）为题发表。

（4）是干部就应该少干点儿。①

语义学和语用学对语句预设的研究，为我们开展语句研究开拓了一个新角度，即从逻辑、语义、语境等角度研究语句所蕴含的信息。

预设是语言哲学的研究课题之一。逻辑语义学者运用这一概念来研究语句中所蕴含的逻辑语义信息，如"校园的湖边有柳树"就包含有预设"校园里有湖"。在对预设的研究中，研究者们激烈讨论了蕴含（entailment）和预设的区别、预设的可取消性（defeasibility）②、预设与会话隐含（conversational implicature）的关系③。这些研究都深化了人们对预设的认识，一定程度上廓清了预设与其他相关概念的区别。

在这里需要重点说明一下蕴含和预设的区别。蕴含和预设都是语义学的概念，有着特定的所指。蕴含是一种基本的语义关系，如果有甲就必然有乙，则甲蕴含乙，或甲以乙为蕴含。例如：

（5）他是中国青年。
（6）他是中国人。

例（5）和例（6）是蕴含关系，例（5）蕴含例（6）。蕴含关系的建立，有赖于词语自身语义间的关系。一般来说是上下位关系，如例（5）中"中国青年"是例（6）中"中国人"的下位词语。

预设是一种特殊的蕴含关系，是话语所蕴含的附带信息。如"校园的湖

---

① 摘自石安石（1986）。
② 参考沈家煊（1986）；何自然（1988）P120—121。
③ 参考杨忠、张绍杰（1995）P150—153。

边有柳树。"其基本信息是"某处存在某物",包括"某处有柳树""校园的湖边有某物"等等,而其附带信息是"校园有湖",这就是预设,是在发话人看来,交际双方都接受的"共同背景"(common ground),或称"无争议信息"(noncontroversial information)。

蕴含和预设可以用否定检验法来鉴别。蕴含和预设都适用公式:甲→乙。若否定甲,乙是否成立不一定,而否定乙,甲也随之遭到否定,那么,甲和乙是蕴含关系;若否定甲,乙仍然成立,而否定乙,甲无所谓成立与否,那么,甲和乙是预设关系。[①]

有的研究者发现,预设是受语句中某些词语影响而触发出来的,这些词语被称为"预设触发词"(presupposition-triggers)。Kartunen 收集了 31 种预设触发词,指明了它们所具有的预设触发作用。[②]

除了以上研究,研究者们还发现在实际话语交际中,话语的预设"还与说话的时间、地点、场合等语境条件有关,它甚至与说话人的文化修养、知识水平、说话的模态都有关系"(何自然,1988)。于是,一些学者也开始研究话语交际中话语的预设,着重研究与语境有关的预设,研究预设的合适性(appropriateness 或 felicity)和共知性(mutual knowledge)或共同性(common ground)。[③]

经过多年的研究和论争,预设研究逐渐形成了一套理论体系。这一理论开拓了语句研究的角度,加深了人们对于话语的理解。

---

① 根据石安石(1986)整理。
② 参考沈家煊(1986);何自然(1988)P117—119;黄次栋(1986)。
③ 参考何自然(1988)P123—126。

2. 预设差异副词所关涉的预设

2.1 前人对预设差异副词所关联预设的分类

近年来，我国有学者（沈建华，1999；马真，2001；王明华，2001；吴春仙，2001）从预设的角度分别对"倒"、"反而""并"做了新的阐释，指出它们关联一定的预设。综合分析以上几位学者的研究，我们认为，这三个副词具有共同的特点：①关联一定的预设。②出现在事实与预设存在差异的句子中。③语用功能都是强调事实与预设存在差异。因此，我们把它们归为一类，称之为"预设差异副词"。

对于这几个预设差异副词所关联的预设，学者们各自做了细致的分类。

马真（2001）对"并"的语法意义做了概括："加强否定语气，强调说明事实不是对方所说的，或一般人所想的，或自己原先所认为的那样。"由此可以看出，她将"并"所关联的预设分为三类：①对方所说的情况；②一般人所想的情况；③说话人原先认为的情况。

王明华（2001）将"并"所关联的预设分为四类：①预设在上下文中已经明确表述出来；②预设出现在"并"所在的语句中，且往往出现在状语或定语中；③预设可以从"并"所在的语句中推断出来；④预设为背景知识，包括自然知识和社会知识、宗教信仰，也包括语言习惯等方面的内容。

沈建华（1999）将"倒"所关联的预设分为三类：①人类共有的思维推理过程；②某人的意愿、目的或设想的一种结果；③人们的某种经验或规律。

吴春仙（2001）将"反而"所关联的预设分为五类：①预设表现为"达到一定目的"，而结果不仅没有达到或不能达到目的，反而还走向预定目的的对立面；②预设建立在某一情理的基础上，而结果和这一情理是相违背的；③预设建立在上文背景句提供的一种逻辑基础之上；④预设表现为某人对某事的一种心理倾向，而实际情形是这种心理倾向不仅没有实现，反而走向了其反面。⑤说者基于某种需要而对未知情形有一种预期，可实际情况不仅没有实现，反而走向了离需要更远的情况。

2.2 预设差异副词所关涉预设的分类

对于预设差异副词所关联的预设，以上的研究深入而全面，但是，从对外汉语教学的角度看，这些解释在实际操作起来较难，难以让留学生理解一个副词关联如此之多的预设。因此，本文试图在上述研究的基础上归纳出一种更易于在教学中操作的分类。

预设差异副词所关联的预设可以从语义范畴和隐现情况这两个方面来分类。

2.2.1 根据语义范畴的分类

预设副词所关联的预设，从语义范畴上大致可以分为两类：

第一类是常理预设，即"一些经验性的规则性的知识（knowledge of empirical regularities）——概率性的知识"（桂诗春，1991），也就是人们普遍认同的事物或事件之间的常态联系。如：

（7）年龄大的孩子个子相对较高。

（8）笑表示高兴。

除了常态联系，事物或事件之间也可能存在异态的联系，如：

（7′）弟弟比哥哥高。

（8′）脸上笑，可心里不高兴。

"反而""倒""并"就常出现在与这种常理预设不同的句子中，强调一种违背常理的关系，如：

（9）弟弟反而（倒）比哥哥高。

（10）他笑了，可心里并不高兴。

对常理的认知存在社团性。不同社团认同的常理，有的是基本一致的，特别是关于自然的常理，如上面提到的（7）（8）；但是，不同的自然环境、社会环境、宗教信仰、风俗习惯等可能造成不同社团认同的常理也存在差异，有的常理是个别社团所独有的，如，中国人可能会说"见到喜鹊反而丢了钱包"，这句话就蕴含着中国人所认同的常理"见到喜鹊代表会有好运"。留学生就很难理解。

第二类是个人预设，即个人或某些人对具体事物、事件的知识和看法，这不是整个社团普遍知道和认同的，如：

（11）我以为小王去美国了，原来他并没有去。

（12）这次考试小李反而（倒）比我考得好。

这两句话中预设差异副词关联的预设都是说话人的知识和看法，分别是：

（11′）小王去美国了。

（12′）小李应该不如我考得好。

"并"还常用在对话中来反驳别人的看法，其关联的预设就是别人的看法，如下面的对话：

A：小王去美国了吧。
B：他并没有去。

B所说的话的预设是A的看法——小王去美国了。

2.2.2 根据隐现情况的分类

预设副词所关联的预设，从隐现的情况也可以分为两类：

第一类是显性预设，即预设的内容出现在上下文中。这又分为两种情况：一是预设存在于上文中别人说的话中，如上面提到的A、B两个人的对话，B的预设在A所说的话中；二是在说话人刚说的话中，如上文中的例子"我以为小王也去美国了，谁知他并没有去。"其中，副词"并"所关联的预设就是前半句。

第二类是隐性预设，即预设的内容没在上下文中出现，但可以从语句中推断出来。在言语运用中，为了降低话语的冗余（redundancy）程度，说话人常常把自己认为听者已经知道或认同的情况，即"共同背景"（common ground）或称"无争议信息"（noncontroversial information）（石安石，1986），特别是那些内化于人类知识结构中的常理信息省略不说，但是，听者可以从其语句中运用的副词推断出说话人的预设。如前面提到的常理预设常常都是隐性的。

表 1　本文的分类与其他学者分类的关系

	常理预设	个人预设	显性预设	隐性预设
马真	2	1、3		
王明华			1、2	3、4
沈建华	1、3	2		
吴春仙	2、3	1、4、5		

说明：表格的数字代表学者的类。"2"即为作者的第二类。

3. 对预设差异副词教学的建议

3.1　在教材中准确解释预设副词关联的预设

首先，在教材中准确解释预设副词关联的预设。对于这些预设差异副词，教材应该从预设的角度加以解释，指出其关联的预设，使教师和学生能有比较透彻的理解。

3.1.1 现有教材对预设差异副词的解释存在一定的问题

在现有的对外汉语教材中,一般采用的仍然是词典中传统的解释。如"并"解释为"用在否定词前边,强调否定,有反驳的语气。"这样的解释在一定程度上使教师觉得"并"的作用在于强调否定语气。此外,"反驳的语气"虽然涉及预设,但只适合于解释个人认知预设,无法解释常理预设,也会让教师注意不到对于常理预设的教学。

"反而"解释为"根据前文 A,下文应当出现情况 B,但是 B 没有出现,却出现了与 B 相反的情况 C,这时要用'反而'。"这样的解释可以解释显性预设,但是却忽视了那些常常处于隐性状态的常理预设。

"倒"解释为"表示转折,要求有一定的语言环境。"[1] 这几乎完全忽视了"倒"关联一定的预设。

"教学上的失误是诱发学生偏误的原因之一,或者就是主要原因之一。"(鲁健骥,1992)我们的教材中的解释没有使教师认识到这些副词关联着一定的预设,在这些解释指导下的操练当然会对学生的理解产生一定的误导,而这正是导致学生产生偏误的一个重要原因。如教师在解释和操练"并"的时候都反复强调其作用是"强调否定",学生在运用中就不可避免产生这样的偏误:如别人说"你再吃一点儿",为了强调自己不能再吃了,加强否定语气,就说"我并不能再吃了"。[2]

---

[1] 转引自沈建华(1999)。
[2] 转引自马真(2001)。

3.1.2 修正解释的建议

对于教材中最先出现的预设副词,我们认为,应对"预设"加以说明,以引起教师的注意。如"预设(presupposition)是西方语义学和语用学研究应用的概念,是以实际的语言结构意义为根据,靠逻辑概念、语义、语境等推断出话语的先决条件。某些副词关联一定的预设,它们关联的预设可以从语义上主要分为常理预设和个人认知预设,前者是人们普遍知道的常识,一般不在上下文中出现,常蕴含在句子中;后者是说话人或别人所说、所认为的情况,一般会在上下文中出现"。在解释中可以辅以例句加以说明。

具体到每个预设副词,可以在解释中指明它是预设差异副词,并把其关联的两个方面的预设用例句加以体现。以"并"为例,可以在教材中这样解释:

"并"是预设差异副词,其作用是强调情况与预设不同。从语义上说,它关联两方面的预设:

一是个人预设,一般在上下文中出现。如:

①听说你回国了,原来你并没有回国啊。(预设为前半句中的"你回国了。")

②A:今天的考试真难。
B:我觉得并不难。(B的预设为A所说的话。)

③这本书并不难懂啊。(预设是隐含的,可能是说话人听说过或自认为的"这本书很难懂。")

二是常理预设,一般不在上下文中出现。如:

④哥哥并不比弟弟高。（预设为一般性的常识："哥哥个子一般比弟弟高。"）

⑤他老了，可身体并不差。（预设为一般性的常识："人老了，身体就不好了。"）

3.2 由易到难地设计教学顺序

使留学生领会预设差异副词所关联的预设是理解和掌握这些副词的关键。合理的教学顺序是由易到难，这就需要根据副词所关联的预设来确定哪种预设是留学生最容易理解的，由此来引入预设副词的教学。

如前所述，一般说来，常理预设和个人认知预设，隐性预设和显性预设存在一定的对应关系。显性的个人认知预设显示在语句中，预设的教学由此开始的话，留学生理解起来应该比较容易。

此类预设结束之后，可以引导学生发现语句中隐性的个人认知预设。

由于显性的常理预设在言语运用中较少，而且学生能够理解隐性的个人认知预设后，理解隐性的常理预设就比较容易了，因此，显性的常理预设这一环节的教学可以适当简化。这样，每个预设否定副词所关联的预设的教学顺序可以归结为：

显性的个人认知预设⟶隐性的个人认知⟶预设显性的常理预设⟶隐性的常理预设

3.3　不同的预设采用不同的教学方法

对于显性的个人预设，在教学中，例句可以采用日常对话，教师需要指明语句中哪部分是副词所关联的预设，以引导学生理解。解释之后，可以列举几个句子，让学生自己找出副词所关联的预设。

对于隐性的个人预设，可引导学生发现语句中隐含的预设。接下来可以引导学生发现语句中的常理预设，并指明副词所关联的预设通常为一般常识，而这种常识一般都是隐含在语句中。

对于隐性的常理预设，在教学中，应该特别注意常理的选择。由于人们普遍认同的常理存在一定的社团性，留学生来自不同的国家，有着不同的认知背景，因此，一定要考虑不同认知背景的可接受性，应该选择那些他们共同认同的常理，如"年龄越老身体也越来越差""笑表示高兴""常运动身体好"围绕这样的常理来编写例句。否则，如果例句所述情况不符合学生的认知背景，学生将很难理解语句中蕴含的预设。

4. 围绕预设进行听力理解题目编写的思考

听力技能是汉语学习者必备的基本技能之一，听力教学也是对外汉语教学重要的一环。"听力教学的重点是提高学生的听力微技能。"（杨惠元，1996）其中一种重要的微技能就是"联想猜测能力"，这种能力在很大程度上与对于话语所蕴含的信息理解有关。在听力教材和测试中都普遍应用"听句子，选择正确答案"和"听对话，选择正确答案"这两种题型。这两种题型中有的题目注意到训练和考查学生对语句中所蕴含的预设的理解，但也有很多题目没有重视对语句中预设的挖掘，所设计的选项生硬、牵强，起不到干扰作用，从而造成这样的情况——几乎所有的学生都做出了正确的选择，而这其中有的学生实际上并未真正完全理解语句。这样的题目就没能起到训练和考查学生对语句真正理解的作用。

本节将重点讨论如何把预设理论运用到这两种题型的编写设计中，有意识地利用预设信息，提高题目的质量，以训练和考查学生对于语句的真正理解。

预设是语句所蕴含的"隐性"信息，是否真正理解话语的含义往往取决于是否真正理解了其蕴含的预设信息。在听力教学和测试中，训练和考查学生对于话语的真正理解，需要从很多方面入手，采用各种手段和方法，话语预设信息的充分利用应该是其中重要的一个方面。在上文提到的两种题型中，很多题目编写者恰恰忽视了这一点，导致题目的选项不合理，没能起到训练和考查学生对于语句真正理解的作用。如何充分利用话语的预设信息，提高题目的质量，以训练和考查学生对于语句的真正理解呢？下文将结合一些未充分利用预设信息的题目，从几个角度讨论如何改进听力理解题的编写。

4.1 围绕预设编写听力材料

4.1.1 围绕"预设触发词"编写听力材料

"听力课所用的语料，基本可分为两类：来源于实际生活的语料和为实现某种教学意图而编写（或改编）的语料。对于初级阶段的对外汉语教学来说，大部分的听力材料性质属于后者。"（曹慧，2000）

重视预设触发词，将其作为编写听力材料的出发点，围绕这些词编写听力材料。预设触发词往往蕴含语句表面所看不到的隐含信息,只有理解了这些隐含信息才算是真正理解了语句。前文提到的 Kartunen 收集的预设触发词可以在编写听力材料时加以利用,如"表示重复的词"——"又""再"。

(13)这次考试他又把题抄错了。

(14)以前考试中他抄错过题。

(15)从此以后他就没有再来我家。

(16)他以前来过我家。

例(13)蕴含例(14),例(15)蕴含例(16)。在编写听力材料时应该训练学生对于预设触发词蕴含的信息的理解,围绕预设触发词编写听力材料,同时在选项的编写中加以利用。

除了这些预设触发语可以利用以外,汉语中常用的与预设有关的词语还有"果然""反而""倒""白""更"。

"果然"蕴含的是现实情况与预设符合,如:

男:小丽,去旅行的事你跟张东说了吗?他同意吗?

女:他果然不同意,看来你挺了解他的。

问:下面哪句话不对?

A. 男的说过张东可能不同意去旅行的事

B. 男的很了解张东

C. 女的还没问过张东旅行的事

选项 A 就是"他果然不同意"的预设，可以考查学生是否真正理解"果然"所蕴含的意义。

与"果然"正相反，"反而""倒""白"蕴含的是现实情况与说话人的预设相悖。"这次考试小明反而（倒）比小丽考得好"就蕴含着说话人的预设"以前的考试总是小明比小丽考得好"。"白"被有的学者（张谊生，1996）称为"预设否定副词"，它在语句中同样蕴含着与说话人的预设相悖的信息。如"小李学了三年钢琴，可至今一首曲子也不会，真是白学了"，就蕴含着说话人的预设"学了三年钢琴，应该会弹一些曲子"。由于说话人的着眼点不同，同样的一句话在不同的语境中往往蕴含着不同的预设，如"我这一顿打算是白打了"在"我儿子竟然又偷东西！我这一顿打算是白打了"中，就蕴含"我认为打儿子可以让他不再偷东西"。而在"他打了我却不受惩罚，我这一顿打算是白打了"中，蕴含的是"我认为他打人应该受惩罚"。

还有一类预设触发词在听力教学中值得注意，它们表示虚拟的情况，如"如果""要是""假如""早知道"，这样的词语蕴含的预设与它后面的内容相反。如"我要是买了那张彩票就好了"的预设为"我没买那张彩票"。"早知道他不去就不给小李买电影票了"的预设为"他已经给小李买了电影票"。由于学生对于汉语信号的感知能力低，对于汉语信号不能完全感知，往往漏听了部分信息，如果漏听了这些表虚拟情况的预设触发词，把捕捉到了信息作为真实的信息，或者即使感知到了这些信息，但并没有真正理解它们所蕴含的预设，就会做出错误的判断。所以，这一类预设触发词也应该作为训练和考查的重点。

4.1.2 围绕"预设触发结构"编写听力材料

汉语中，除了词语蕴含有预设信息以外，有的语法结构也蕴含着预设，我们暂且称之为预设触发结构。如"A 比 B 还 C""A 就好了"。"A 比 B 还 C"蕴含的预设是"B 很 C"，如"小李的个子比小王还高"，蕴含的预设为"小王的个子很高"；"A 就好了"的预设是"A 未发生"，如"带伞就好了"，蕴含的预设是"没有带伞"。在听力理解题目的编写中应该充分利用这样的预设触发结构，训练和考查学生对它们所蕴含的预设的理解。

4.2 充分利用预设改进现有听力材料

在听力教材和试题中，编写者往往在一个题目中只关注某一个预设触发词，导致题目的信息量不足，缺少出题点，结果生拼硬凑上几个无关的选项，题目显得生硬，且客观上降低了难度。如：

果然下雨了，天气预报还挺准的。
问：天气预报大概是怎么说的？
  A. 今天阴天
  B. 今天有雨
  C. 今天晴天

这个题的目的是考查学生对于"果然"的理解。由于题目的信息只有"果然"和"下雨"，没有提到"阴天""晴天"或与这两个词音近的词，所以，

A 和 C 这两个选项没有什么干扰力，学生只要听到题干中的"下雨"就可以做出正确的选择，即使没有真正理解"果然"所蕴含的预设，也能正确作答，起不到训练和考查的作用。

还有的题目，编写者没有充分利用语句中预设触发词蕴含的预设，而是拼凑一些与题干毫无关系的选项，这样既浪费了题干中的信息，又使某些选项不具备干扰能力。如：

白上一回街，一分钱也没花出去。

问：这句话是什么意思？

  A. 上街去了商店

  B. 买了便宜东西

  C. 什么东西也没买

  D. 一分钱也没有

其中选项 A、B 显然是拼凑上去的，没有干扰力。而题目中的预设触发词"白"所蕴含的信息却没有利用。

要解决这些问题，可考虑从两个途径入手：

（1）增加题干的信息量。这又可以分为两种方式：

第一，结合学生的听力难点，加入学生较难理解的信息。学生的听力困难有"近似的音和调""生词""长句子""习惯表达和背景知识""语速"（杨惠元，1996）。除此之外，学生对于"否定"（特别是双重否定）、反问"、"虚拟"的理解有一定困难，可以在听力材料中有意识地增加这些难点，以增加出题点，训练和考查更多的项目。如上面的第一个题可以变为：

今天果然下雨了,看来,以后不能不相信天气预报了。

问:下面哪句话对?

A. 说话人以前相信天气预报

B. 天气预报说今天要下雨

C. 以后不相信天气预报了

这个题与上题相比,增加了双重否定的信息,多了出题点。同时考查了两个项目,由于双重否定是难点,围绕它所编写的两个选项具有一定的干扰作用,这客观上也保证了选择 B 的学生是真正理解了"果然"蕴含的预设。

第二,将多个预设触发词或预设触发结构编入一题中,增加题目的信息容量,同时考查学生对于多个预设触发词蕴含信息的理解。还可以将上题改为:

今天果然下雨了,竟然让小王给说对了,带把雨伞就好了。

问:下面哪句话不对?

A. 小王说过今天要下雨

B. "我"带了一把雨伞

C. 我没想到小王说对了

选项分别考察了学生对于三个预设触发词"果然"、"竟然"、"A 就好了"的理解。这样,题目的信息丰富了,编写选项自然就轻松得多,而且训练和考察的项目也多了。

(2)充分利用题干中所蕴含的预设信息。话语传达的信息往往是复杂的，它包括基本信息和附带信息，预设是属于附带信息，常常被题目编写者所忽略，浪费了出题点。如上面的第二题就忽略了"白"所蕴含的预设信息。可将题目的问话和选项改为：

问：下面哪句不对？
  A."我"认为上街应该花点钱
  B."我"什么东西也没买
  C."我"一分钱也没有
  D."我"刚才去逛街了

其中 A 和 D 是"白"所蕴含的预设，B 是"一分钱也没花出去"的含义，C 中含有题干中"一分钱也没"，对于汉语信号的感知能力低的学生有一定迷惑性。这样，题目考查的项目多了，每个选项的设计也更为合理。

  如果要充分利用话语的预设信息和增加题干的信息量，这不仅需要对题干和选项做相应的处理，而且需要改变提问的方式。在听力题目中，编写者大多只关注于考察和训练某一点，即某一语法结构或词语，当然也就采用就某一点提问的方式，如"说话人的意思是""男的（或女的）意思是""男的（或女的）怎么了？"这样的题目对于学生来说相对比较简单，只需要抓住话语中的某一个词语或结构就行了，在听力教材中这样的题目可以训练学生对于这一词语或结构的反应和感知。但是，如果都是这样的题目，往往就会使学生感觉过于简单，容易失去兴趣，感觉没有挑战性，进而形成惰性。在听力测试中，也会出现同样的问题，这就会造成题目的区分度太低，失去了测试的价值。如果有意识地充分利用话语的预设信息和增加题干的信息量，再配以"下面哪句话对（或不对）？"这样的设问，就能在一个题目中训练和考查几个项目，而且提高了题目的难度，让学生在听力教学中感觉到挑战性，激发其兴趣，在测试中也可以提高测试的区分度。

5. 结语

虽然国外关于预设的研究已经持续了很长时期，如果从二十世纪七十年代的集中研究热潮算起，也有三十多年的历史了，对于预设的研究是丰富而细致的。但是，国内只是在八十年代有几篇介绍国外预设研究的文章，此后，预设的研究就变得很少了。国外关于预设的研究有什么新进展？如何将这一理论运用到汉语研究中？这样的问题很少有人涉及。由于汉语预设研究的薄弱，本文在谈到预设触发词和预设触发结构时只是采用举例的方式，没有明确的归类和描述，这是个缺憾，值得今后进一步展开研究。

参考文献

曹　慧（2000）听力语料分析与听力教材的编写，《语言文化教学研究集刊（第四辑）》，华语教学出版社。

桂诗春（1991）《实验心理语言学纲要》，湖南教育出版社。

何自然（1988）《语用学概论》，湖南教育出版社。

黄次栋（1986）前提关系及其教学意义，《外国语》第2期。

鲁健骥（1992）偏误分析与对外汉语教学，《语言文字应用》第1期。

马　真（2001）表加强否定语气的副词"并"和"又"，《世界汉语教学》

第 3 期。

沈家煊译（1986）语用学论题之一：预设，《国外语言学》第 1 期。

沈建华（1999）表示相反意义的副词"倒"，《汉语速成教学研究（第二辑）》，华语教学出版社。

石安石（1986）句义的预设，《语文研究》第 2 期。

王明华（2001）用在否定副词前面的"并"与转折，《世界汉语教学》第 3 期。

吴春仙（2001）"反而"句的语义逻辑分析，《语言教学与研究》第 4 期。

徐家祯（1986）浅论"前提"及影响"前提"的因素，《逻辑与语言学习》第 1 期。

徐烈炯（1995）《语义学》，语文出版社。

杨惠元（1996）《汉语听力说话教学法》，北京语言文化大学出版社。

张谊生（1996）现代汉语预设否定副词的表义特征，《世界汉语教学》第 2 期。

第六章　虚词关涉的梯级及其教学[①]

1. 梯级与梯级推理

西方语言学者（Levinson，1983；Carston，2002；Israel，2004）发现人类大部分的基本概念域都是以梯级（scale）形式存在的，梯级表现出程度和等级的特性，即梯级的内部成员间在大小、高低、强弱等方面存在量的差别，而且这些特性会自然而然地反映在语言的词汇语义中。

在言语交际中，概念域中的这种梯级可以帮助人们通过梯级推理（scalar inference）获得隐含的梯级含义（scalar implicature）。梯级推理是指人们以梯级中的某一参照点的情况去推知或者认定同一梯级中的目标点的情况，其推导方法分为最基本的两种：从较低级的参照点的情况推导出较高级的目标点的情况；从较高级的参照点的情况推导出较低级的目标点的情况。（蒋勇，2004）例如：

[①] 本章主要内容曾以"从梯级的角度阐释'即使'句式及教学建议"（《汉语应用语言学研究》，北京语言大学对外汉语研究中心编，商务印书馆，2015 年）、"与梯级序列相关的句式浅析"（《现代语文》，2013 年第 12 期）为题发表。

(1) 小孩都搬得动。（大力士当然搬得动）

(2) 大力士都搬不动。（小孩儿当然搬不动）

"大力士"和"小孩"在力量的大小上存在一个梯级序列，在这个梯级序列中，"大力士"处于较高的序列位置，而"小孩"处于较低的序列位置。从例句（1）中，我们可以从较低的参照点（小孩）推导出较高的目标点的情况——"大力士搬得动"，而从例句（2）中，我们可以从较高的参照点（大力士）的情况推导出较低的目标点的情况——"小孩儿搬不动"。

对于梯级序列，有几点需要特别指出：

第一，梯级序列范畴是一个相对概念，而不是绝对概念。上面所说的数量范畴并不涵盖所有成员，这一范畴的两端还可以无限延伸下去。如数量范畴，"十"并不是最小量，还可以往小延伸，存在更小量，"万"也并不是最大量，也可以继续往大延伸，存在更大量。

第二，在认知和语言交际中，如果把整个梯级序列的所有成员都加以关照，会使认知不堪重负，也会使语言交际过于繁杂，甚至无法进行。因此，在认知和语言交际中，梯级序列范畴往往不是完整的，而是截取其中的片段，或者只是将两个事物或事件看作是一个存在量级不同的梯级序列范畴。

第三，很多梯级序列的次序是"有条件"的次序，而不是无条件的次序。有的梯级序列只是依据一个标准来排列次序，如上面所说的数量范畴。但对于很多梯级序列来说，依据不同的标准，其次序有时会有所不同。如"青年人、中年人、老年人"这一梯级序列，如果依据年龄大小、生活经验是一种由小到大的次序，最小量是"青年人"，最大量是"老年人"；而如果依据身体的健康、对摇滚音乐的喜爱，则是一种由大到小的次序，最小量是"老年人"，最大量是"青年人"。因此，从这个角度看，很多惯常梯级序列，如"科长、处长、局长"、"春、夏、秋、冬"都是这些事物依据某一标准（职位高低、时间顺序）确立的序列，是一种有条件的序列次序，如果依据不同的标准，其次序也会有所不同，这种序列不是无条件的、绝对的。

第四，由于梯级序列的次序是"有条件"的次序，因此，所谓的梯级序列其实是事物的某条件或某方面的序列，是一种命题的序列，而不是单纯地事物之间的序列。如：

青年人喜爱摇滚音乐

中年人喜爱摇滚音乐

老年人喜爱摇滚音乐

"青年人、中年人、老年人"这一梯级序列的次序确定应该是在有限定的条件或方面（喜爱摇滚音乐）才有意义。或者说，梯级序列是命题的序列，而非事物的序列。世界上的各种事物或现象，都处于普遍联系之中，事物或现象的这种关联性有大小之分。我们借鉴张旺熹（2005）的提出的"情理值"概念来指称这种关联性的大小，有的关联性大，具有较大的情理值，有的在现实世界中常态存在，有的则比较而言关联性小，具有较小的情理值，在现实世界中偶然存在。以上梯级序列中"青年人喜爱摇滚音乐"具有最大情理值，其他两种情况的情理值依次减小。

梯级含义理论指出了两个重要的问题：一、人类的很多概念范畴中存在梯级；二、这种梯级会反映到人类的言语交际中，很多语言现象与梯级密切相关，从梯级的角度能对之进行更准确和深入的分析。

2. 梯级含义理论的发展

从语用的角度对于梯级含义进行研究肇始于 Grice 基于合作原则（cooperative principal）提出的会话含义理论（Conversational Implicature Theory）。Grice（1957）把意义分为两类："自然意义"（natural meaning）和"非自然意义"（non-natural meaning）。"非自然意义"由字面意义和含义两部分共同组成。因此，要研究交际中话语的含义，就必须既要研究话语的字面意义又要研究话语的含义。可以看出来，会话含义是一个丰富而庞大的范畴，梯级含义是会话含义的一个子范畴。

在 Grice 之后，又有学者在其理论的基础上进一步开展研究，其中也对梯级含义进行了一定的研究。这些研究主要分为两个方面："新格赖斯语用学"（The Neo-Gricean Pragmatics），代表人物是 Horn（1972）和 Levinson（1983），主张梯级含义是一种自动优先生成的常规含义（conventional meaning）；"后格赖斯语用学"（The Post-Gricean Pragmatics），代表人物是 Sperber & Wilson（1985、1996）和 Carston（2002），主张梯级含义属于特殊会话含义，产生于特定的语言环境，并非某些固定不变的词语。

此外，还有一些认知语义学学者的相关研究使得梯级及梯级含义的研究有了进一步的发展。这个领域的研究主要分为两个方面。一是对于梯级推理的研究（Ducrot, 1973; Fauconnier, 1976），如对于梯级中两个命题之间的论证之力（argumentative strength）的单项蕴含关系在否定命题中被颠倒现象。在这一方面的研究中，还涉及了梯级模型（scalar model）的概念，梯级模型是言语双方共享的一套背景假设或相互关联的一套命题按照蕴涵关系而进行的梯级排列。梯级模型的总特点是同一梯级中的两个命题的信息的相对力度（the relative strength of information）存在不对称性。即在梯级模型中，当且仅当一个命题 p 蕴涵另一个命题 q 时，p 所含的信息量大于 q 所含的信息量。有学者（Fillmore et al., 1988; Kay, 1990）依据梯级模型研究了"梯级算子"（scale operator）（如 let alone、even）引导梯级含义的功能。另一个方面的研究是对于极性词语（polarity items）的研究，极性是指词语的分布被限定在肯定句或否定句等句法环境中的规约性。极性词语是具有这样特性的语言项目，包括词、词组、短语和成语等。极性词语常根据它们的允准语境进行定义，一般分为负极词（negative polarity item）和正极词（positive polarity items）。前者主要用于显性否定句、隐性否定句、疑问句、比较句、条件句的前件、全称量词的限定语和带有否定含义的语句中，如 anything，ever，all 等。而正极词则用于肯定句等其他句法环境中，如 some，already，pretty 等。Israel（1996、1998、2001）构建了关于极性词语的分布规律的梯级模型（Scalar Model of Polarity）。他以词语本身的语义和语气功能来解释词语的极性特征，认为词语的量值与修辞功能的规约性组合限制了它们的极性分布。他还指出大多数极性词语的语义内容都跟极量值有关，因此与极量值有关的词易成为极性词语，极性词语的极量值与肯定或否定命题结合时能够起到加强或减弱语气的功能，这就是极性词语产生的修辞动因。Israel 根据极性词语所含的宏量、微量值与命题的肯定、否定情态的组合把用于加强语气的极量极性词语分为四类：微量正极词、负极词，宏量正极词、负极词。

国内英语学界的学者也在西方梯级含义理论的启示下对于汉语中的梯级含义现象进行了一定的研究，研究内容涉及极性词语的梯级含义功能（龚卫东，2006；蒋勇、龚卫东，2006）、极性隐喻现象（蒋勇、翟澍、邢雪梅，2011）、夸张性隐喻的梯级含义功能（蒋勇，2004；龚卫东，2006）、虚拟参照点的梯级含义功能（郎天万、蒋勇，2004）、"连"字句的梯级逻辑（罗晖，2007)、主观量的梯级模型解释（周家发，2012)。汉语学界的一些学者（崔希亮，1990；沈家煊，2001；张旺熹，2005；曹秀玲，2005；郭锐，2006；袁毓林，2006；陆方喆、李晓琪，2013；石慧敏、吴为善，2014）在其汉语语法研究中也涉及了梯级及梯级含义。

3. 从梯级的角度阐释"即使"句式及其教学建议

对于"即使A，也B"这一句式，很多学者根据A与前文的关系进行了下位分类，邢福义（1985）结合"即使"实言句的语言环境列举了它的四种类型；梅立崇（1995）研究了"即使"假言句，根据"即使"假言句与前文的语义关系划分出了六种类型。戴悉心（2001）根据B的语义是否指向让步前项，将"即使"句分为两类。

学者们从语篇的角度分析"即使"句，指出语篇中存在与之紧密关联的语言片段，这对于我们认识"即使"句的语义和语用有着重要的作用，同时也让我们认识到研究"即使"句应该着眼于语篇，而不仅仅是孤立的"即使"句。但是，为什么学者们都是根据"即使"句与前文的关系进行下位分类，却分出了如此不同的类别？每个研究中的下位分类相互之间具有什么内在联系？"即使"句所表达的核心语义是什么？这些问题似乎都没有说清楚。

3.1 "即使"句与情理值梯级

张旺熹（2005）指出："语义理解的基础是一个涉及背景知识的复杂认知结构。这种复杂的认知结构反映着特定社会各种相关认知域里的文化环境中的说话人对某个或某些领域里的经验具有统一的、典型的、理想化的理解。"这是一种"理想化的认知模型（ICM）"（张敏，1998；沈家煊，1999）。符合"理想化的认知模型"的事件一般是自然世界和现实生活中常态的、符合一般情理的事件，这样的事件具有较高的"情理值"（张旺熹，2005），如"大力士搬得动"、"小孩儿搬不动"、而不符合"理想化的认知模型"的事件一般是自然世界和现实生活中特殊的、不符合一般情理的事件，这样的事件具有较低的"情理值"，如"大力士搬不动"、"小孩儿搬得动"、"冬天气温高"、"夏天气温低"。

相关事件的情理值会依据其高低而自然形成一个由高到低的情理值梯级，如：

大力士搬得动	小孩儿搬不动	夏天气温高	冬天气温低	情
……	……	……	……	理
小孩儿搬得动	大力士搬不动	冬天气温高	夏天气温低	值 ↓

这种情理值梯级从另一个角度来看，其实也是一种可能性梯级，情理值的高低也就是可能性的大小，即高情理值事件是在自然事件和现实生活中发生的可能性大的事件，低情理值事件则是发生的可能性小的事件。

"即使"句所表述的事件是情理值梯级中的一个情理值事件。从事件的情理值高低来看，"即使"句所表述的事件可以分为两类：一是肯定的低情理值事件，即表述低情理值事件存在或发生，二是否定的高情理值事件，即表述高情理值事件不存在或发生。如：

（3）（这个箱子非常轻，）即使小孩儿也搬得动。（肯定的低情理值事件）

（4）（这个箱子非常重，）即使大力士也搬不动。（否定的高情理值事件）

（5）（这里气候非常特殊，）即使夏天气温也很低。（肯定的低情理值事件）

（6）（这里气候非常特殊，）即使冬天气温也不低。（否定的高情理值事件）

不论肯定的低情理值事件还是否定的高情理值事件，都是自然世界和现实生活中特殊的、不符合一般情理的事件，是发生可能性小的事件。

3.2 "即使"句关联的情理值梯级的作用

"即使"句与情理值梯级相关，表述的事件也是情理值事件，那么"即使"句表述情理值事件及其相关的情理值梯级又有什么作用呢？通过分析，我们发现主要有两个作用：

3.2.1 强调事件的特殊性

一是强调事件的特殊性，因为肯定的低情理值事件和否定的高情理值事件都是自然世界和现实生活中特殊的、不符合一般情理的事件，往往需要加以特别强调，以使听者注意到这一事件的特殊性。如例（3）-（6），可以强调"这个箱子非常轻"，可以强调"这个箱子非常重"，可以强调"这里气候非常特殊"。

我们从CCL语料库中搜索到的"即使"句，其表述的事件也都是肯定的低情理值事件或者否定的高情理值事件，如：

（7）海南省的儋县，平均每年有130天雷声隆隆，是我国雷暴天最多的地方。即使在冬季，这一带也能听到阵阵雷声。

（8）他们通过基因植入技术将普通实验鼠改造成了耐力大增的"马拉松运动员"，并且这种基因工程改良过的老鼠即使不运动、吃高脂肪食物也不会长胖。

例（7）表述的事件"在冬季听到阵阵雷声"，是肯定的低情理值事件，例（8）表述的事件"不运动、吃高脂肪食物不会长胖"是否定的高情理值事件，如前文所述，这两种事件都是在自然世界和现实生活中特殊的、不符合一般情理的事件。通过强调这样的事件，使听者注意到这一事件的特殊性。反之，当表述一种常态的高情理值事件时，则不能使用"即使"句式，如：

*即使在夏季，这一带也能听到阵阵雷声。
*即使不运动、吃高脂肪食物也会长胖。

例句中，"不运动、吃高脂肪食物""会长胖""在夏季""听到阵阵雷声"符合我们"理想化的认知模型"，在现实世界及我们的认知概念中是大情理值事件，具有较大可能性发生。当表述这种常态的大情理值事件时，是不能使用"即使"句式的。

3.2.2 进行梯级推理

除了通过关联的情理值梯级强调事件的特殊性以外，"即使"句还可通过关联的情理值梯级进行梯级推理。如前文所述，由于情理值梯级的存在，人们在语言的表达和理解时，就可以据此进行情理值梯级推理，获得隐含的梯级含义。具体说来，主要有以下两种梯级推理：

3.2.2.1 对相对较高或者较低情理值事件的梯级推理

人们可以依据情理值梯级，通过肯定的低情理值事件来表达较高情理值事件必然存在或发生的梯级推理，或者通过否定的高情理值事件来表达较低情理值事件必然不存在或发生的梯级推理，例如：

（9）厦门市环卫管理处卫生科分析，厦门所有的公厕都没有门牌号且一般都在较偏僻的地方，即使厦门本地人寻找公厕也会有困难，外地来厦门的人找公厕更是难上加难。

（10）现在别说是一般路段，即使二环三环上也不是时时都那么顺畅。

例（9）说话人通过肯定厦门本地人寻找公厕会有困难（肯定的低情理值事件），更加肯定了外地人找公厕更困难的事实（较高情理值事件也必然存在）；例（10）说话人没有直接表达对一般路段交通是否顺畅的判断，但通过表述"一般来说比较顺畅的二环三环不顺畅"（否定的高情理值事件），间接地表达了"一般路段交通不顺畅"（较低情理值事件也必然不存在）。

程度的变化往往改变着事件情理值的高低，很多"即使"句含有"再""更"等程度副词，用来表述较高或者较低的情理值事件，进而间接地表达更高或者更低情理值事件的情况。例如：

（11）在昨天的那种情况下，即使做出比这**更**严厉的决定来，我也一定会同意。

（12）（其他东西很便宜）如果人们除了穿衣吃饭等基本需要以外已经囊中羞涩，那么即使其他东西**再**便宜，他们也不一定愿意去买。

例（11）中，说话人假设"做出更严厉的决定，我一定会同意"（较低的情理值事件会发生），强调了"我同意昨天做出的严厉决定"（相对而言具有更高情理值事件必然发生）的事实；例（12）中，说话人假设"东西更便宜，他们不一定愿意去买（较高的情理值事件不会发生）"，就间接地强调了现实中"东西很便宜，他们不愿意买"（相对而言具有更低情理值事件必然不发生）的事实。

3.2.2.2 对所有情理值事件的梯级推理

除了可以依据情理值梯级对相对较高或者较低情理值事件进行梯级推理以外，甚至还可以对情理值梯级中的所有情理值事件进行周遍性的梯级推理。吕叔湘（1980）指出，"即使"句常用来表示一种极端的情况，从我们的视角来看，这种极端的情况实际上就是情理值梯级的极端值，也就是极低情理值或者极高情理值事件。例如：

（13）《圣经》通过这个故事宣称：人类由于他们的始祖犯了"原罪"，这种罪孽要世世代代流传下去，后代人们即使是刚出生的婴儿也是有罪的。

（14）没有人要求你作一个百科全书。即使一个最有学问的人，也不知道所有的事情。所以，坦白地承认你对于某些事情的无知，这绝不是一种耻辱。

例句（13）中，"刚出生的婴儿有罪"（最低情理值事件存在），也就意味着"所有人都是有罪的"（相关情理值梯级中的所有情理值事件都必然存在）；例句（14）中，"最有学问的人也不知道所有的事情"（最高情理值事件不存在），表达了"所有的人都有不知道的事情"（相关情理值梯级中的所有情理值事件都必然不存在）。

需要指出的是，在言语交际中，极端情理值并不都是绝对的，而是取决于说话人的心理认知，说话人并不是总是通过对最低或者最高情理值事件来对所有情理值事件进行梯级推理，而是常常把情理值梯级中的任意一个情理值低点或者高点看作是极端情理值事件，并通过这样的"主观极端情理值事件"来表达整个情理值梯级事件的情况。例如：

（15）即使是平凡的工作，也要用敬畏的态度去面对。
（16）即使是著名的经济学家，也无法准确预测金价的走势。

例句（15）中，虽然不是指明最低情理值事件"最平凡的工作要用敬畏的态度去面对"，但可以体会到说话人把这一事件看作是整个情理值梯级的最低点，要表达周遍语义——所有的工作都要用敬畏的态度去面对。例句（16）也是将"著名的经济学家能准确预测金价的走势"看作是整个情理值梯级的最高点，通过否定这一情理值事件，来否定情理值梯级中的所有情理值事件，即"所有人都不能准确预测金价的走势"周遍性语义。

在"即使"句中，有一类句子常常被作为典型在诸多研究中加以研究和讨论，这类句子含有让步意味，一般是说话人先表述一种情况，然后再让步性地否定这一情况，最后指出在否定的情况下也是同样的结果。例如：

（17）中国队后防队员对对方前锋崔成国的盯防比较到位，让他无法传出球，即使传出来也都在中国队脚下。

（18）它的飞行高度仅约5米，敌舰上的雷达难以发现，即使发现了也很难进行反击。

在这类句子中，"即使"句表述的事件其实也是一个较高或较低的情理值事件，例句（17）中，"（崔成国）传出球来，也都在中国队脚下（对中国队没有造成威胁）"与前文中的"（崔成国）无法传出球，（对中国队没有造成威胁）"相比，也是一个情理值相对较低的事件，这正反两个事件，其实就形成了一个完整的情理值梯级，通过这样的表述，表达了"崔成国在任何情况下也没有对中国队造成威胁"的语义；比较而言，例句（18）中，"敌舰上的雷达难以发现，（无法进行反击）"是一个情理值相对较高的事件，而"（敌舰）发现了，很难进行反击"是一个情理值相对较低的事件，通过正反两个事件的表述，表达了"敌舰无论如何都无法进行反击"的语义。

3.3 "即使"句所表达的语用义及其语篇隐现

如前文所述，"即使"句式表述的是较高或者较低情理值事件，说话人使用"即使"句仅仅是为了强调存在这样的事件吗？其实不是，从"即使"句出现的语篇环境，我们可以看出，说话人使用"即使"句不是或者不仅仅是为了强调情理值事件，而是为了表达其语用义，"言在此而意在彼"。前文提到过，由于情理值梯级的存在，人们在语言的表达和理解时，就可以进行相应的梯级推理，也就是通过指出较低情理值事件的存在或发生，来表达较高情理值或者所有情理值事件都必然存在或发生，或者通过较高情理值事件不存在或不发生，来表达较低情理值或者所有情理值事件必然不存在或不发生。这种通过梯级推理所获得的意义往往才是说话人想表达的主要意义。

"即使"句所要表达的语用义在语篇中有时是显现的,例如前文例句中,说话人所要表达的语义重点,也就是较高情理值事件——"外地来厦门的人找公厕更是难上加难"出现在语篇中。

"即使"句所要表达的语用义在大部分时候则是隐含的,由受众通过情理值梯级推理而自动获得,无需说话人赘述,特别是在对话的语境中,例如:

(19) A:你认识这个字吗?

　　B:即使是小孩儿也认识。

(20) A:你明天去吗?

　　B:即使八抬大轿来抬我,我也不去!

例句(19)B所要表达的语义重点不是"小孩儿认识(这个字)",而是为了表达较高情理值事件——"我当然认识(这个字)";例句(20)B所要表达的语义重点不是"八抬大轿抬我,我也不去",而是为了表达所有情理值事件——"无论如何,我都不去"。这两个例句中,虽然B都没有明说,但是受众可以通过情理值梯级推理而理解其隐含的语义重点。

在语篇中,"即使"句所要表达的语用义也常常是隐含的,并不在语篇中出现,说话人使用"即使"句所要表达的语用义就隐含在文中,"没有人要求你作一个百科全书。即使一个最有学问的人,也必有不知之事。(你当然也有不知之事)。所以,坦白地承认你对于某些事情的无知,这绝不是一种耻辱。"再如前文例句(16),说话人使用"即使"句所要表达的语义重点也隐含在文中,"(谁也无法准确预测金价的走势),即使是著名的经济学家,也无法准确预测金价的走势。"

3.4 "即使"句的教学建议

在对外汉语教学中,"即使"句式是初级阶段重要的句法结构。基于前文对"即使"句的研究,我们提出以下教学建议:

3.4.1 注意"即使"句教学的层次性和教学重点

首先要使留学生理解情理值梯级,可以通过形象的例句列举情理值高低不同的多种情况,引导学生认识到情理值存在高低之分,例如:

在上课的时候,努力学习

在休息的时候,努力学习

在生病的时候,努力学习

通过这些例句,让学生认识到,比较而言,"在休息的时候,努力学习"和"在生病的时候,努力学习"出现的可能性比较小,是种特殊的、反常的事情。然后指明"即使"句只能在表述可能性较小的事情的时候才能用,如"即使在休息的时候,他也努力学习"。而对于一般的、正常的事情,是不能使用"即使"句的,如:

＊即使上课的时候,他也努力学习

为了教学的简洁,我们可以不再细分"即使"句表述情理值事件的肯定和否定，而是将其整体看作是一个事件，那么这一事件就都是低情理值事件，如"小孩儿也搬得动"、"大力士也搬不动"都可以从整体上看作是低情理值事件。

最后，引导留学生理解"即使"句往往不是说话人所要表达的语义重点，说话人往往使用"即使"句来表达其他相关的事情，如"（他在任何时候都努力学习/他学习非常努力），即使在生病的时候，也努力学习。"括号中的语义才是说话人所要表达的语义重点。可以使用完成句子的练习题来使留学生理解"即使"所表达的语用义。

整个教学过程可以简单概括为：

理解情理值梯级 ⟹ "即使"句关联小可能性事件 ⟹ "即使"句的语用义

3.4.2 例句和练习的编写要考虑预设的因素

由于留学生来自不同的国家、文化圈，应该以人类普遍共有的认知经验为基础编写对外汉语教材，以便于留学生理解。外部世界的共同点反映到人类的头脑中，形成了普遍的认知经验，如生老病死的感受、饥渴困累的感受及解决办法。这些都是人类共有的普遍认知经验。但由于自然环境、文化等因素的影响，人的认知经验还具有社团性，如在汉族人的认知经验中，过春节要团圆、红色代表喜庆等。认知语言学认为，在语言交际中，语义理解和表达都离不开人的认知经验的参与，认知经验是言语交流的前提、基础。说话人在表达时预先假定自己的认知经验对听话人来说是已知的，而不需要作为断言表达出来。而听话人在理解时则要调动认知经验来理解说话人的意思。

如果听话人不具备说这样的认知经验就难以理解说话人的意思。"即使"句的理解和表达也会涉及预设，例如：

（21）他即使每天吃很多也不长胖。
（22）他即使春节的时候也不回家。

例句中的预设——吃很多会长胖，这是人类普遍共有的认知经验，说话人把这种认知经验作为预设隐含在句子中，而这种认知经验是不同种族、国家、文化圈的人都共有的，所以这句话对于所有的人都是可理解的。而例句中的预设——春节要回家团圆，只是了解汉文化圈习俗的人所拥有的认知经验，对于不拥有这种认知经验的人来说，是很难理解的。如果例句的预设涉及留学生所不具备的认知经验，就会对留学生的理解造成困难。这一点应该特别注意，应该审视例句和练习的预设与留学生的认知经验是否相符。

4. 从梯级的角度简要阐释其他相关句式

4.1 "A 尚且 VP，何况 B"

"A 尚且 VP，何况 B"这一句式也包含其他相关句式："A 尚且 VP，更不用说 B 了""A 尚且 VP，B 就更不用说了""A 尚且 VP，B 就可想而知了"。

在这一句式中，AVP 和 BVP 这两个命题形成一个梯级序列。相对而言，AVP 这一命题的情理值较小，是小量，BVP 这一命题的情理值较大，是大量。

前句肯定情理值小量 AVP，也就意味着肯定了后句的情理值大量 BVP。例如：

（23）重点工程资金[尚且]紧张如此，其他一般项目资金紧缺状况可想而知。

（24）植树尚且要顺应客观规律，而育人则更应当如此。

例句（23）中，"重点工程资金紧张"（AVP）是情理值小量，相对而言，"其他一般项目资金紧张"（BVP）是情理值大量，肯定情理值小量，使情理值大量的存在不言而喻。例句（24）也是同样的情况。

如果把句中的否定词作为一个独立的因素，则 AVP 和 BVP 这两个命题的梯级序列的顺序也要逆反。AVP 这一命题的情理值较大，是大量，BVP 这一命题的情理值较小，是小量。前句否定情理值大量 AVP，也就意味着否定了后句的情理值小量 BVP。例如：

（25）冲出亚洲尚不易，何况雅典"冲"牌。
（26）"安全火柴"尚且不够安全，何况一擦即响的"擦炮"？

例句（25）中，"冲出亚洲容易"（AVP）是情理值大量，"雅典冲牌"（BVP）是情理值小量，否定情理值大量，则否定了情理值小量。例句（26）类同。

这一句式可以用同样的公式加以表述：

尚且＋较小量，何况＋较大量

尚且＋否定＋较大量，何况＋较小量

4.2 "别说 A，就是 B 也 VP"

"别说 A，就是 B 也 VP"这一句式有时也会以前句后句逆序的方式出现，如"BVP，更别说 A 了"。

在这一句式中，AVP 和 BVP 这两个命题形成一个梯级序列。与句式"A 尚且 VP，何况 B"正相反，相对而言，AVP 这一命题的情理值较大，是大量，BVP 这一命题的情理值较小，是小量。后句肯定情理值小量 BVP，也就意味着肯定了前句的情理值大量 AVP。例如：

（27）凭她的名声，别说是包销一千盒，就是一万盒呢，她都能推销出去。

（28）别说刮风下雨，就是下刀子，我们的礼兵哨也是笔直地站在国门口的。

例句（27）中，"她能推销出去一万盒"（BVP）是情理值小量，相对而言，"她包销一千盒"（AVP）是情理值大量，肯定情理值小量，也就意味着肯定了情理值大量。例句（28）类同。

如果把句中的否定词作为一个独立的因素，则 AVP 和 BVP 这两个命题的梯级序列的顺序也要逆反。AVP 这一命题的情理值较小，是小量，BVP 这一命题的情理值较大，是大量。后句否定情理值大量 BVP，也就意味着否定了前句的情理值小量 AVP。例如：

（29）别说赔偿 5 万，就是 5 分钱，我也不会给。

（30）到那时别说是养活一家人，就是龙二的租粮也交不起。

例句（29）中，"我赔偿5分钱"（BVP）是情理值大量，相对而言，"我赔偿5万"是情理值（AVP）小量。否定情理值大量BVP，也就否定了情理值小量AVP。例句（30）类同。这一句式可以用同样的公式加以表述：

别说＋较小量，就是＋较大量
别说＋否定＋较大量，就是＋否定＋较小量

4.3 "A比B还（都）……"

比较句中的句式"A比B还（都）……"与一般的比较句相比，有着特殊性。一般比较句，如"A比B……"A与B隶属于同一个梯级序列范畴，这一句式只是用于比较A与B量的大小，B作为参照点，这一参照点是较大量还是较小量是未知的，A相对于这个参照点或大或小。

但"A比B还（都）……"中，B同样作为参照点，但其量级却是相对确定的，处于梯级序列的两端，也就是在主观的较大量或较小量的范围内，这一句式表达的语义是"A的量相对于较大量或较小量的B更大或更小"。关于这一表述，有两点需要说明：

一、对于B的量级的认知是主观的。这种主观的认知可以与客观相符，也可以与客观不相符，完全是说话人的主观认知。例如：

（31）他比姚明还高。

（32）它的重量比羽毛还轻。

（33）他比小王还高。

（34）他的体重比小李还轻。

姚明的个子相对于世界上的人来说，是一种绝对的高，在身高这一梯级序列中，姚明的身高一定是处于梯级序列的较大量级。羽毛的重量在一般事物重量的梯级序列中，一定是处于较小量级。不论小王的身高在别人眼里是不是很高，说话人都把小王的身高看作是梯级序列中的较大量级，不论小李是不是很轻，说话人都把小李的体重看做是梯级序列中的较小量级。

二、B是被看做是较大量还是较小量，取决于句子中B项后的形容词是大量还是小量。如果是大量，如高、重等，则B是被看做是较大量，如果是小量，如矮、轻，则是被看作是较小量。用公式加以展示就是：

A比＋较大量＋还＋大量形容词

A比＋较小量＋还＋小量形容词

4.4 "宁可A，也不B"

关于"宁可A，也不B"格式，很多学者是从A与B的"利""弊"属性的对比来研究取舍倾向的表达。何宛屏（2001）认为这一格式是表达"两害相权取其轻"，意思是：选择A和B两项都不好，相比之下，A的危害性要小于B，所以说话者勉强选择A而舍弃了B。邵敬敏（2003）根据A、B项语义表示的"利""弊"分为四种类型："两利相权取其重"、"两害相权取其轻"、"两难相权取其优"和"利弊对照取其爱"，并概括出该格式的语法意义是"主观择爱性"。

从 A、B 的利弊属性来研究这一格式，具有启发意义。但我们认为，从梯级序列的角度对这一格式能做出比较合理的解释。从选择的角度看，A、B 所表述的命题的情理值大小不同，比较而言，选择 A 的情理值小，选择 B 的情理值大。例如：

（35）仇虎宁可选择自杀，也不愿再戴上镣铐。

（36）晋阳城的老百姓恨透了智伯瑶，宁可淹死，也不肯投降。

例句（35）中，A、B 所表述的命题分别是：

A：选择自杀

B：（选择）再戴上镣铐

例句（36）中，A、B 所表述的命题分别是：

A：（选择）淹死

B：（选择）投降

在人们的一般认知心理中，选择 A 的情理值小，选择 B 的情理值大，这两者在情理值量的大小上形成一个梯级序列。例句中，"选择自杀"的情理值小于"（选择）再戴上镣铐"，"（选择）淹死"的情理值小于"（选择）投降"。当个人的主观选择与这种一般的认知心理相逆时，就使用这一格式来表达与众不同的反常选择。

我们认为，对于这一格式，A 和 B 在利弊属性及其对比上并没有约束性，其约束性表现在选择 A 和选择 B 情理值的对比，即，选择 A 的情理值＜选择 B 的情理值，如果违背了这一原则，则让人难以理解。例如：

（37）*他宁可当局长，也不愿意当科长。

（38）*我宁可吃饭，也不去死。

这两句之所以让人难以理解，正是因为违背了"选择 A 的情理值 < 选择 B 的情理值"这一原则。两个例句中，选择 A 的情理值大于选择 B 的情理值，这是一种与人们的一般认知心理相符合的选择，而不是相逆，所以不能使用这一句式。如果把句子中的 A、B 互换位置，则句子就不再难以理解。

这一句式可以用同样的公式加以表述：

宁可 + 较小量，也不 + 较大量

5. 结语

除了本文所分析解释的句式外，我们相信，汉语中还有诸多语言现象也与梯级相关，从梯级的角度来分析解释汉语语言现象，不仅能够获得更清楚的认识，而且应该还有着方法论上的意义。

参考文献

曹秀玲（2005）再议"连……都/也……"句式，《语文研究》第 1 期。

崔希亮（1990）试论关联形式"连……也/都……"的多重语言信息，《世界汉语教学》第 3 期。

戴悉心（2001）"即使"句的分类及其语义语用分析，《世界汉语教学》第 2 期。

龚卫东（2006）广义梯级含义理论及其应用，上海外国语大学博士学位论文。

郭　锐（2006）衍推与否定，《世界汉语教学》第 2 期。

蒋　勇（2004）夸张性隐喻梯级含义功能，《现代外语》第 3 期。

蒋勇、龚卫东（2006）极性词语的梯级模型及补充，《现代外语》第 1 期。

蒋勇、翟澍、邢雪梅（2011）极性隐喻的梯级逻辑，《当代修辞学》第 3 期。

郎天万、蒋勇（2004）虚拟参照点的梯级含义功能，《四川外国语学院学报》第 6 期。

陆方喆，李晓琪（2013）"何况"的主观性表达功能——兼析与"况且"的区别，《汉语学习》第 6 期。

罗　晖（2007）论"连"字句的梯级逻辑，《修辞学习》第 1 期。

梅立崇（1995）现代汉语的"即使"假言句，《世界汉语教学》第 1 期。

沈家煊（1999）《不对称与标记论》，江西教育出版社。

沈家煊（2001）跟副词"还"有关的两个句式，《中国语文》第 6 期。

石慧敏、吴为善（2014）隐性语义等级序列的激活机制及其语篇整合效应，《世界汉语教学》第 4 期。

邢福义（1985）现代汉语"即使"实言句，《语言教学与研究》第 4 期。

袁毓林（2006）试析"连"字句的信息结构特点，《语言科学》第 2 期。

张　敏（1998）《认知语言学与汉语名词短语》，中国社会科学出版社。

张旺熹（2005）连字句的序位框架及其对条件成分的映现，《汉语学报》第 2 期。

周家发（2012）主观量的梯级模型解释，《汉语学习》第 4 期。

Carston, R. (2002) *Thoughts and Utterances: The Pragmatics of Explicit Communication*. Oxford: Blackwell.

Ducrot, O. (1973) *La Prevue et le Dire*. Paris: Maison Mame.

Faueonnier, G. (1975) Pragmatic scales and logical Structure. *Linguistic*

Inquiry, 6: 353-75.

Fillmore, C. J., Kay, P., & O'Connor, M. C. (1988) Regularity and idiomaticity in grammatical constructions: The case of let alone. Language 64: 501-38.

Grice, H.P. (1957) Meaning.*Philospohical Review* 67: 377-388.

Horn, L. R. (1972) *On the Semantic Properties of Logical Operators in English.* UCLA.

Israel, M. (1996) Polarity sensitivity as lexical semantics. *Linguistics and Philosophy* 19: 619-66.

Israel, M. (2001) Minimizers, maximizers and the rhetoric of scalar reasoning. *Journal of Semantics* 18: 297-331.

Israel, M. (2004) The pragmatics of polarity. In L. R. Horn & G. Ward (eds.). *The Handbook of Pragmatics.* Blackwell Publishing, 701-723.

Israel, M. (1998) *The Rhetoric of Grammar: Scalar Reasoning and Polarity Sensitivity* . U. C. San Diego.

Kay, P. (1990) Even . *Linguistics and Philosophy*, 13: 59-111.

Levinson, S.C. (1983) *Pragmatics.* Cambridge: Cambridge University Press.

Sperber, D. & Wilson, D. (1995) *Relevance: Communication and Cognition.* Oxford: Blackwell.

第七章 "毕竟"的语篇语义结构[①]

对于语气副词"毕竟",学界一般认为基本语义有两个:①强调事物的本质或特点。②表示某种情况或结果经过一定的过程,最后终于出现了,类似"终于"。(《现代汉语虚词例释》、《现代汉语虚词讲义》)本文要讨论是表语义①的"毕竟"。

多年来,许多学者从多角度进一步考察了"毕竟"的句法、语义、语用功能,试图对它做出更完善合理的解释。对于"毕竟"强调的对象是什么,除了上面提到的强调"事物的本质或特点",学者们还有不同的认识。祖人植、任雪梅(1997)认为:"毕竟"是通过强调某一情况而表明说话人的某种判断、观点或结论。这一定义,同时还说明了强调的目的——表明说话人的某种判断、观点或结论。董付兰(2002)认为:"毕竟"是标示原因,使其突出、醒目,从而引起听读者的注意,达到强调的表达效果。在此论述中,强调的对象是原因。张秋杭(2006)对"毕竟"的强调对象进行了具体的分类:

[①] 本文主要内容曾以"'毕竟'语篇的语义结构类型"(《宁夏大学学报(人文社会科学版)》,2011年第5期)为题发表。

强调结论和强调原因。

以上对于"毕竟"不同的研究结论，反映了"毕竟"语义的模糊性和复杂性，但也引人思考，究竟哪个结论更切中实质？如果这些结论都还不尽完善，都没有切中"毕竟"的本质语义，更合理的解释应该是什么？

为了解答这些疑问，本文将首先对包含"毕竟"的语篇进行分析，对"毕竟"的语义背景进行分析解读，探求它的本质语义及语用环境。

1. "毕竟"在语篇中所关联的语义内容

祖人植、任雪梅（1997）考察了 228 个含有"毕竟"的"表达较连贯、完整"且具有"内聚性"的语篇，得出了"毕竟"语篇的典型语义结构模式，并指出"毕竟"具有"自动强制按自己特有的语义结构模式"复制语篇的语篇功能。这一研究使得我们认识到研究"毕竟"必须着眼整个语篇。其他对于"毕竟"的研究，虽然也考察包含"毕竟"的语篇，但在论述中列举的却多是句子（单句或复句），当然，有的例句表意连贯、完整，具有内聚性，但同时也有很多例句并不足够完整地体现"毕竟"的语篇功能，例如：

（1）毕竟我年龄大了，不可能有更多的长篇作品了，真的希望这一部能够写得更好。

（2）呵呵，人哩，毕竟是幻觉最丰富、最有感受力的。

我们可以明显地感受到，这两个例句中的"毕竟"是与前文或对话中的语义内容紧密相关的，例（1）的前文可能是"我想继续写长篇作品"。或者是出现在对话中,有人说"您为什么特别重视这部作品?"说话人才有这句话作为回应,其中"毕竟"是与别人所说的话语内容相关的。对于例(2),我们同样可以感受到与"毕竟"紧密相关的前文语义或话语背景。由于研究者没有将包含"毕竟"相对完整的语篇展现出来,我们似乎有理由质疑研究者的分析归纳及其结论的准确性。

为了在完整的语篇中研究"毕竟"的语义、语用及语篇功能,我们通过人民网的全文检索,搜索到包含"毕竟"的全文共159187篇,然后从四个主题(社会、经济、教育、体育)中随机抽取出400篇作为考察对象。

1.1 "毕竟"与所关联的语义内容在语篇中的位置关系

"毕竟"所关联的语篇语义内容,常常是在一个句子中与之紧密连接在一起的,例如:

(3)这种情绪虽然是在所难免,但是考生也要尽量豁达,毕竟过去的已经过去,纠结于此也是于事无补,后面的题目才是考生转败为胜、转为危机的关键所在。

在此例句中,"毕竟"所关联的语义内容是"要尽量豁达","毕竟"后的语义内容是对"要尽量豁达"原因的解释。

通过考察,我们发现,除了以上这种比较明显的紧密连接,"毕竟"所关联的语义内容与"毕竟"是松散隔离的,不是在同一个句子中,两者之间夹杂着其他的句子。例如:

（4）采矿是项高危行业，安全生产责任重于泰山。如何做到<u>防患于未然，让天灾损失降到最低，让人祸销声匿迹</u>是管理者、经营者需要不断求解的难题。要解好这道难题，就要时刻把每一个矿工的生命安危放在首位，倍加珍惜关爱、充满敬畏之情。<u>毕竟</u>，我们不能每次矿难都期待见证生命的奇迹出现。我们要有"勇争第一"的气魄和干劲，但"勇争第一"更需以生命的尊严为注脚。

在例句（4）中，"毕竟"后的语义内容是对下划线部分语义内容的解释，"不能每次矿难都解释期待见证生命的奇迹出现"解释的是"防患于未然"的重要性。在这两者之间，还夹杂着一个句子，这个句子与"毕竟"无关，是对前一句中"难题"的解答。

"毕竟"所关联的语义内容与"毕竟"会松散隔离到不同的句子中，甚至还会处于不同的自然段中。例如：

（5）城市改革将释放出更大的活力，向农村提供更多、更好的生产资料和生活资料，推动科技、人才、信息等大规模地向农村扩散；将对农村的发展提出新的更高的要求，特别是要求农业提供数量更多、质量更好、品种更加丰富的农产品。<u>一个城乡协作、互相促进、共同发展、日趋繁荣的局面将会出现</u>。邓小平同志指出，要建设有中国特色的社会主义。这可能就是一个非常重要的特色。

但是，一定要清醒地看到，我们的国家<u>毕竟</u>是一个贫困落后的国。要把它建设成现代化的社会主义强国，还有个长期的艰苦的创业过程，目前的成就没有任何值得自满之处。

在句中,"毕竟"出现在第二自然段的第一句,但它关联的语义内容"繁荣局面将会出现"却是处于上一自然段中。

1.2 对话中"毕竟"的话语背景

在搜索到的语料中,我们还发现,在人物对话中常常出现"毕竟",它是在特定的话语背景中出现,也是关联着言语交谈中的某一内容。例如:

(6)但世界与中国研究所所长、中国基层民主问题研究专家李凡坦言,大学生村官进入农村基层党组织,其中的意义和起到的作用不应过早下出结论。大学生村官进入农村党支部,在其他省份出现过,<u>这些年轻人对农村基层民主和经济发展起到的作用很有限。</u>

"村官的工资<u>毕竟</u>不是村民发的。"李凡说,若乡镇政府与村里意见不一,村官既要负责农村日常事务,又要完全听从乡镇政府的领导,这个对工作效果影响很大。

语篇中的"李若"使用"毕竟"关联的是前面的话语背景——大学生村官对农村基层民主和经济发展起到的作用很有限,是对这种观点的解释。

许刚:<u>我觉得他是一个很善良的人,而且心肠挺好的一个孩子</u>。还有为什么说他家里贫困?这不是我们凭空来说的,我是大一的时候就有手机,大概在大二的时候,我们其他同学也都有手机了,不管好还是次,但是黎力一直到大四都没有。电脑也是,我们当时学校允许我们大二才买电脑,所以大一的时候你可以看周边的网吧,基本都是我们学校的大一学生去上网,到大二以后，感觉一天突然宿舍电脑全起来了，全都有电脑了，但是黎力就没有，他买不起电脑，他到大四都没买。到后来大二、大三以后，我每个周末都回家，因为我家就住在这块，所以不用说，我就把电脑留给他玩。反正我不太喜欢打扫我的床铺，所以电脑挺脏的，但是每周我回来，他肯定看到我来了以后，就主动会说许刚你来了，我说没事儿，你再玩会儿，他说不玩了，就出去看书什么的，但是电脑、鼠标、包括桌子都帮我擦干净了。

　　李小萌：因为<u>毕竟</u>你们是他的同学又是朋友，所以我想观众朋友听上去会觉得你们在替他找一些客观原因。

　　这段对话中，"李小萌"使用"毕竟"是与"许刚"对抢劫银行的同学所做的"善良"的评价及列举的事实相关联的，"李小萌"的话与"许刚"的话具有让步转折的关系，先是姑且承认了这种评价及事实，又从另一个角度提出了一定的质疑，其话语完整的表义结构为：（虽然在你的描述中，他是个很善良的人），（但是）因为毕竟你们是他的同学又是朋友，所以我想观众朋友听上去会觉得你们在替他找一些客观原因。

　　正是因为"毕竟"所关联的语篇语义内容在语篇位置上展现出来的灵活性，要求我们在研究"毕竟"的语义、语用及语篇功能时，必须着眼于语篇，而不能仅局限于句子。

2. "毕竟"语篇的语义结构类型

　　通过语篇分析，我们发现，从语义上来说，含有"毕竟"的句子主要是对语篇中某一情况或观点的解释，从位置关系上来说，这一情况或观点出现在"毕竟"句的前面或后面,据此,我们将这些包含"毕竟"语篇的语义结构主要分为两种类型:前因后果式和前果后因式。

2.1 前因后果式

在前因后果式中,"毕竟"引导的语义内容,是对其后某一情况或观点的解释。这一结构类型有两个特点值得注意:一是总是与让转关系共现;二是常常存在语义项隐含的情况。这一结构类型的基本模式为:

| （虽然）A | （但是）（因为）"毕竟"X | （因此）Y |

需要说明的是,为了使这一模式公式更简洁,括号里的关联词指的是语法意义相关的一类关联词,如（虽然）不仅指"虽然",也指"固然、尽管、即使"等。祖人植、任雪梅（1997）在论述中总结出类似的语义结构类型,我们与之略有差别,指出显现或暗含的"（因为）"。此结构模式展现了一条完整的语义链条,"（但是）（因为）'毕竟'X"是中心语义链节,与前面的语义链节"（虽然）A"构成转折关系,同时又与后面的语义链节"（因此）Y"构成因果关系。

在此结构模式中,一般是前文中涉及某一情况或观点 A,对于 A,说话人先是使用"毕竟"强调存在情况 X,然后在此基础上,指出语义上与 A 不同的情况或者表达出说话人的不同观点 Y。在表达不同观点的时候,"毕竟"所强调的 X 是推导出 Y 的基础,使 Y 更能立得住脚,更有说服力。例如:

（7）（虽然）我对我的舞蹈表现其实还挺有信心的,但是因为<u>毕竟</u>很久没跳了,所以其实一开始还是有一些担心!

(8)虽然看起来演员们拿刀拿枪的样子很专业,但因为<u>毕竟</u>是群众演员,还是经验不足,老是笑场,再加上群众围观,(所以)仅这一幕戏,就NG了10次之多。

例(7)中,"很久没跳了"是"一开始还是有些担心"的原因;例(8)中,"群众演员经验不足、笑场和观众围观"是"这幕戏NG了10次"的原因。

需要重点指出的是,在此结构模式中,"(因为)"常常被省略,形成"(虽然)A+(但是)"毕竟"X+(因此)Y"的格式,这是最常见的结构模式。例如:

(9)尽管外资银行在危机中受到了损伤,但<u>毕竟</u>未伤及根本,大型先进的外资银行在经营管理上仍有明显的优势,未来依然是强有力的竞争对手。

(10)我国草原面积虽然广阔,但<u>毕竟</u>是有限的,近几年来每头牧畜拥有的草场面积逐渐减少。这说明,在基本依靠天然草场的情况下,单纯走外延扩大畜群规模发展畜牧业的路子总是有限的,必须十分注重畜牧业发展的质量和效益。

虽然没有"(因为)",但我们可以明显地体会到,"未伤及根本"且"在经营管理上仍有明显的优势"是外资银行"依然是强有力的竞争对手"的原因;正因为草原数量"有限",所以,"单纯走外延扩大畜群规模发展畜牧业的路子总是有限的"。

正是由于"(因为)"被省略,所以使得我们往往察觉不到"'毕竟'X"是后句"(因此)Y"的原因,是推论或现象的基础。这也正是在很多学者只是注意到"'毕竟'X"与前句"(虽然)A"让转关系,而没有注意到"'毕竟'X"是后句"(因此)Y"的原因。

至于"(因为)"常常被省略以及这种结构的很多句子不能再添加上"(因为)"的原因,由于与多个因素有关,我们将在下文叙述的基础上再集中论述。

2.1.1 语义项的隐含

在"(虽然)A+(但是)(因为)"毕竟"X+(因此)Y"这一语义结构中,"(虽然)A"项和"(因此)Y"项有时不在文中显现,而是隐含的。

首先说"(虽然)A"的隐含。在此结构模式中,"(虽然)A"项有时不是一个语句,而是前文蕴含的整体语义,例如:

(11)2009年寒假期间,华南理工大学全校3000名学生深入全国28个省市区,对返乡农民工状况进行细致翔实的走访调研后,完成了总计18.5万多字的《2009,关注中国返乡农民工社会调查文集》和数篇农民工问题专项论文。他们的调研成果甚至得到温家宝总理的肯定和赞赏。

能够被媒体关注的大学生<u>毕竟</u>是少数,大多时候公众却在担心当代大学生群体的"娇气"与社会责任意识的缺乏。

第一自然段蕴含的语义是"大学生被媒体甚至总理的关注",这一情况没有在文中明确表述出来,是蕴含在整个自然段的表述中,它与"能够被媒体关注的大学生毕竟是少数"构成了让转关系,是"(虽然)A"项。

还存在"(因此)Y"的隐含。在此结构模式中,特别是在表达说话人不同观点的语篇中,由于前文已经论述得充分且清晰,说话人的不同观点"(因

此)Y"项就会隐含,成为不言自明的言外之意。例如:

(12)虽然发达国家在资金上的这些承诺与发展中国家应对气候变化的资金需求相比尚有一定差距,但毕竟提出了一个量化的、可预期的目标。

在文中,这个句子之后展开了一个新话题,而没有"(因此)Y"项。但是,我们明显可以体会到虽然"(因此)Y"没有再加以阐明,但实质上是作为言外之意暗含其中,即"因此这具有重要的意义"。如果结合前文所提到的全文的主要观点"《哥本哈根协议》是国际社会共同应对气候变化迈出的具有重大意义的一步",我们就更容易体会出这一点。

有的学者没有注意到在很多句子中"(因此)Y"是隐含的,而是把"'毕竟'X"当作是说话人的观点或结论,认为"毕竟"有强调结论的语义。其实,这里"毕竟"强调的还是原因,只不过由于说话人觉得通过前文的论述,自己的观点或结论已经很明显,无须说明,将之省略了。如果仅从句子着眼,对于"(因此)Y"隐含的句子,我们容易得出"毕竟"有强调结论的语义,但如果从大的语篇着眼,而不仅仅是句子,我们能够体会到"(因此)Y"项的隐含。

2.1.2 语义项"(但是)(因为)'毕竟'X"中"因为"被省略的原因

在前因后果语义结构中,虽然语义项"(但是)(因为)'毕竟'X"与"(因此)Y"存在因果关系,但"因为"往往被省略,而且很多"(但是)'毕竟'X"的句子中间也不能被加上"因为",例如前文提到的例句(12)。

这主要有两个原因：第一个原因是，在此语义结构中，"（因此）Y"常常被隐含。当"（因此）Y"被隐含，"因为"就不能再被添加上，这是由于如果加上"因为"这个因果关系的标记词，那么就必然要求"（因此）Y"项出现，使之形成"因为……，所以……"完整的语义链条。刘丹青（2003：317）指出，"因为"等关联标记在整个复句的一端，前置于因句，取消了因句的自足性，使其对果句形成依赖。在例句（12）中，"（因此）Y"语义项——"因此这具有重要的意义。"这一语义项被隐含，所以"因为"就不能再出现。

第二个原因是，行文自由、流畅的需要。在行文过程中，在"（但是）'毕竟'X"之后，作者并不一定要接着表述"（因此）"项，而是往往需要在"'毕竟'X"后夹杂各种相关评论或事实陈述，如果在"'毕竟'X"添加上"（因为）"，就丧失了这种行文的自由度。例如例（9）中在"但毕竟未伤及根本"之后，作者又进一步说明了"大型先进的外资银行在经营管理上仍有明显的优势"这一特征，而不是直接表述"（因此）"项。在这种情况下，就不能添加"（因为）"。这种在"（但是）'毕竟'X"后夹杂其他话语表述的行文方式是很常见的。再看下面的例子：

（13）虽然也有的单位偶尔在地方报纸或电视上宣传一下环保，但这<u>毕竟</u>是极少数，绝大多数是年年重复着昨天的故事。由于宣传方式单调、呆板、枯燥，所以对公众的影响十分有限。因为公众是在对其宣传方式毫无兴趣的情况下听或看的，这种听或看完全是一种被动所为，而被动式的听或看，所带来的只能是被动式的记忆，难怪群众说："听环保宣传，这个耳朵进去，那个耳朵出来"。

在这个语篇中，在"毕竟"项之后，说话人又表述了环保宣传方式的"单调、呆板、枯燥"，然后才说出了自己的观点环保宣传"对公众的影响十分有限"。

而对于那些在"（但是）'毕竟'X"之后紧接着出现"（因此）"项的句子，如前文提到的例句（7）（8），就可以使用"因为"。

2.2 前果后因式

在前果后因式中，"毕竟"引导的语义内容，是对前文某一情况或观点的解释。这一结构类型的基本模式为：

Y+（因为）"毕竟"X

与前因后果式不同，"某一情况或观点Y"先于原因表述出来，然后再由"'毕竟'X"加以解释。例如：

（14）最近心情确实是从没有过的轻松和高兴，因为<u>毕竟</u>是兑现了关于奥运空气质量保障的全部承诺。

（15）我们是带着很大压力来的，因为我们很想赢下这场比赛，<u>毕竟</u>中国女篮已经很多年没有遇到这样的机会了。

例句（14）中，"兑现了关于奥运空气质量保障的全部承诺"是"心情轻松和高兴"的原因；例句（15）中，"中国女篮已经很多年没有遇到这样的机会了"，所以"很想赢下这场比赛"。

有时在"某一情况或观点Y"的前面还会涉及一个与之语义相对的另一情况或观点A，在整体上形成"（虽然）A+（但是）Y+（因为）'毕竟'X"

的语义结构。例如：

（16）（虽然）转基因作物只要按法律操作，就不能说它做错了，但是随着社会的发展，还是应该让更多的公众参与进来，<u>毕竟</u>转基因作物是跟每个人都有切身关系的。

（17）（虽然）奥运给中国经济送来"蛋糕"。然而，对全国经济而言，奥运经济的作用不应夸大。因为，<u>毕竟</u>北京经济总量在全国经济总量中不足4%，奥运元素在相关协办城市的经济增长中也并非主力。

我们不认为这是一个新的语义结构，其基本语义结构没有变化，"毕竟"X项关联的是"Y"项，与"A"项无关，而且，"A"项并不是必须出现的。这一点与前因后果式不同。在前因后果式中，"（虽然）A"是必然显现或隐含于前文中，"毕竟"必须出现在这种让转关系的环境中。而在这一结构模式中，"（虽然）A+（但是）Y"的让转关系不是必须出现的。例如：

（18）从某种意义上说，新闻记者黎明伸张正义的决心也许不仅仅是出自路线觉悟和正义感，他<u>毕竟</u>上过大学，有文化，属于知识分子的范畴。

我们认为，"他毕竟上过大学，有文化"是"新闻记者黎明"有"伸张正义的决心"的原因。这样的句子都可以归入"Y+（因为）'毕竟'X"这一语义结构中，都是说话人直接说出某情况或者观点Y，然后再使用"毕竟"强调其原因，对于Y项进行进一步解释，并不存在隐含的"（虽然）A"语义项。我们在语料分析中，也发现了一些句子，从整个语篇中根本找不到"（虽然）A"项。例如：

（19）这是北岛康介自2008年后，首次亮相全国比赛。他说感觉很紧张，毕竟有一段日子没进行高原训练了。"我觉得自己的身体快崩裂了，所幸最终安然无恙。"

（20）目前足协正在为马晓旭联系手术事宜，据了解，这次有可能出国去做手术，毕竟国外的条件更好。而足协也通过孙继海在联系英国的医院，因为他在那边做过类似的手术。

在例（19）中，"毕竟"项只是用来说明出现前面的情况的原因，"有一段日子没进行高原训练"是"感觉很紧张"的原因；例（20）中，"国外的条件更好"是"出国做手术"的原因。通过对整个语篇语义的分析，并不能体会到任何隐含的"（虽然）A"语义项。

值得一提的是，有学者（祖人植、任雪梅，1997；张秋杭，2006）注意到，这种语义结构模式与上文提到的"（虽然）A+（但是）（因为）"毕竟"X+（因此）Y"模式是可以互相转换的。"两种模式的语篇由于不同点只在于'毕竟'所出现的位置及综合语义关系构成，故可根据表达重点的变化而对它们进行相互变换。"如：

（21）（虽然）转基因作物只要按法律操作，就不能说它做错了，但是随着社会的发展，还是应该让更多的公众参与进来，毕竟转基因作物是跟每个人都有切身关系的。

（22）（虽然）转基因作物只要按法律操作，就不能说它做错了，但是毕竟转基因作物是跟每个人都有切身关系的，（因此）随着社会的发展，还是应该让更多的公众参与进来。

这其实从一个角度反映了"前因后果式"中的"（但是）毕竟"语义项与后面的"（因此）"项之间是因果关系。从表达上来说，这只是说话人两种不同的表达方式，对于前文中涉及某一情况或观点 A，说话人既可以先使用"毕竟"强调存在情况 X，然后在此基础上，指出语义上与 A 不同的情况或者表达出说话人的不同观点 Y，也就是先因后果；说话人也可以先指出语义上与 A 不同的情况或者表达出说话人的不同观点 Y，然后再使用"毕竟"强调存在情况 X，对于 Y 项进行进一步解释，也就是先果后因。

3. 结语

综上所述，包含"毕竟"语篇的语义结构主要分为两种类型：前因后果式和前果后因式。不论是哪种类型，语义项"'毕竟'X"中"X"都是上文或下文中某一情况或观点的原因，是对上文某一情况或观点的解释，或者是对下文某一情况或观点的解释或推导的基础。

表 1　前因后果式和前果后因式的基本模式与特点

	前因后果式	前果后因式
基本结构模式	（虽然）A+（但是）（因为）"毕竟"X+（因此）Y	Y+（因为）"毕竟"X
语义项的隐含	"（虽然）A"隐含	"（因此）Y"隐含	
常见结构模式	（虽然）A+（但是）"毕竟"X+（因此）Y	（虽然）A+（但是）Y+（因为）'毕竟'X

在语料分析的基础上，我们试着这样定义"毕竟"：

"毕竟"是具有强调语气功能的语气副词，它具有凸显原因的作用，从而使说话人对于某一情况或观点的解释或推导更具合理性。

如果再详细点，还可以进一步解释：

在语篇中有两种基本类型：前因后果式，即由"毕竟"引导原因，从而使对后文某一情况的解释或者观点的推导更具合理性；前果后因式，即先表述某一情况或观点，然后由"毕竟"引导原因加以解释。

参考文献

董付兰（2002）"毕竟"的语义语用分析，《首都师范大学学报（社科版）》第3期。

高书贵（2000）"毕竟"类副词与预设，《天津大学学报》第2期。

刘丹青（2003）《语序类型学与介词理论》，商务印书馆。

张秋杭（2006）语气副词"毕竟"的语义分析，《汉语学习》第4期。

祖人植、任雪梅（1997）"毕竟"的语篇分析，《中国语文》第1期。

第八章 "按/照/依……看/说"格式对比及其教学[①]

介词"按""照""依"在用法上具有相同点,都是介引"行为、动作所遵循的准则或依据"(《现代汉语虚词例释》),通常与其他相关介词归为一类,称之为"方式、依据类介词"(傅雨贤,1997)、"凭据性介词"(陈昌来,2002)、"据类介词"(李晓琪,2006)。学者们对这一类介词进行了综合对比研究,使学界对这类介词的宏观全貌和一些细节有了一定的了解,但由于研究涉及的介词数量较多[②],在对比研究中往往追求整体性和全面性,缺乏对这三个介词进行集中、深入的研究。

另外,在对外汉语教学中,这三个介词用法及其共同点与差异,也是留学生觉得迷惑的地方,有些善于思考的留学生常常会问这样的问题:"照我说""依我说""按我说"是不是都可以说?它们的意思和用法是不是都一

[①] 本章内容曾以"按/照/依……看/说"格式考察与教学"为题发表于《华文教学与研究》2014年第2期。

[②] 陈昌来(2002)考察了32个介词;李晓琪(2006)考察了9个;丁宇红(2008)考察了29个;韦其标(2008)考察了35个。

样？还有，它们中的"说"好像也可以换成"看"，意思也一样，如"照我看"，那么这里面的"看"和"说"是不是使用哪个都可以？留学生的这些问题，其实可以归纳为两个：一，"按""照""依"是不是都可以进入"介词＋人称代词＋看/说"（照我说）这一格式中形成短语？除了这一格式以外，还有一些相关的格式，如"介词＋人称代词＋这么看/说"（照你这么说）、"介词＋（理）＋看/说"（按理说、按说），这三个介词是不是也都可以进入其中？二，在这些格式中，"看"和"说"是不是可以随便使用？对于这些问题，一线汉语教师往往只能凭着语感进行主观判断，而且对于其中有的短语，如"按我说"、"照你这么看"，从语感上判断也常会觉得似是而非，觉得好像可以这么说，但又觉得似乎有些别扭。

本文试图通过分析汉语语料回答这些问题。首先对这三个介词在"介词＋人称代词＋看/说"、"介词＋人称代词＋这么看/说"、"介词＋（理）＋看/说"等三个格式中的使用进行语料考察与分析，然后根据发现的特点和规律，提出对于这三个介词的教学建议。

1. "按/照/依……看/说"格式的语料分析

1.1 "介词＋人称代词＋看/说"

李晓琪（2006）通过语料分析，发现"据"类介宾短语中的名词性成分多为人称代词，所搭配的动词中"看"和"说"的使用频率最高。"按""照""依"这三个介词常常出现在"介词＋人称代词＋看/说"的格式中：

（1）一位美国女记者走访爱因斯坦，问道："依你看，时间和永恒有什么区别呢？"

（2）沈先生的看法"太深太远"。照我看，这是文学功能的最正确的看法。这当然为一些急功近利的理论家所不能接受。

（3）徐以显一时摸不透献忠的心思，故意说："按我说，最好请闯王住在山里边，多派人加意保护。"

我们通过检索北京大学现代汉语语料库（CCL）中的"文学"语料，获得了如下分布情况：

表1 "介词+人称代词+看/说"格式在语料中的分布

格式	看	说
依+人称代词+X	361	103
照+人称代词+X	154	32
按+人称代词+X	0	1

注：表格中的"X"代表"看"或者"说"。

表1显示：

（1）这三个介词进入"介词+人称代词+看/说"格式的能力存在较大的差别。"按"显然几乎不具备这一能力，"按+人称代词+看"的使用频率为0，而"按+人称代词+说"也仅有1例，频率非常低，几乎看作是某作家的个人风格，不具有普遍意义。"照"和"依"则比较自由，"照"具有一定的使用频率，而"依"进入此格式的频率更高，表现出相对的强势，"依+人称代词+看/说"与"照+人称代词+看/说"的比率为2.5∶1。

（2）在这一格式中，"看"比"说"的使用频率更高。虽然在此格式中，

"看"和"说"意义并无差别,都是表达"(某人)的看法是……"这一意思。但总的来说,"介词+人称代词+看"与"介词+人称代词+说"相比,明显具有更高的频率(515∶138)。从前文中的例句可以看出,"介词+人称代词+看/说"是表述自己或征询对方的主观观点,后面的句子一般是陈述句或疑问句,侧重的是某人的"看法"。因此,"看"在此结构中的使用频率更高。

以上的分析是将这一格式中的所有人称代词归为一个大类进行研究,如果将视角聚焦于其中的人称代词,会发现不同的人称代词在这一格式中的使用频率也存在很大的差异。如表1显示,由于"按+人称代词+看/说"的使用频率极低,我们不在表中加以分析。

表2 "介词+我/你/TA+看/说"格式在语料中的分布

格式		介词后人称代词		
		我	你	TA
依+X	看	295	32	34
	说	77	26	0
照+X	看	126	6	22
	说	9	19	4
总数		507	83	60

注:表格中的"X"代表人称代词"我""你""TA"(他/她)。

表2显示:

(1)"我、你、TA"这三个人称代词在这一格式中的使用频率存在较大差异。总的来说,人称代词"我"与其他两个人称代词相比,使用频率最高,在频率上占有绝对优势。

（2）"TA"的使用频率最低，而且在某些格式中频率极低，如在"依+X+说"中的使用频率为0，在"照+X+说"中的使用频率仅为4。我们的这一调查结果与李晓琪（2006）略有不同，她们的调查结果是，在"依+人称代词+看/说"中，不能使用"TA"。而根据我们的调查，"依+人称代词+看"中可以使用"TA"，"依+人称代词+说"中不能使用"TA"。

为什么在"介词+人称代词+看/说"中的人称代词多为"我"，而"TA"则很少呢？我们认为，这是因为"介词+人称代词+看/说"主要用于对话中表述自己或征询对方的主观观点，特别是表述自己的主观观点。相对而言，在人际交流中较少通过对方来征询他人的主观观点。

1.2 "介词+人称代词+这么（那么）看/说"

"按""照""依"这三个介词常常出现在"介词+人称代词+这么（那么）看/说"的格式中，如"照你这么看""依你这么说"。例如：

（4）李文武又点头。但他又问："照你这么说，看得长想得远，这仇就永远不能报了？"

（5）卡波尼死心眼儿地抬杠："依您这么说，就连但丁也不那么伟大了，因为他只是写诗，而不是绘画！"

（6）要按你这么说，就谁也不好不坏，是不是？

我们通过检索北京大学现代汉语语料库（CCL）中的"文学"语料，得出了如下分布情况：

表3　"介词+人称代词+这么（那么）看/说"格式在语料中的分布

格式	看	说
照+人称代词+这么（那么）+X	0	57
按+人称代词+这么（那么）+X	0	3
依+人称代词+这么（那么）+X	0	2

表3显示：

（1）这三个介词进入这一格式的能力差异非常大。基本上只有"照"具备进入这一格式的能力，共有57例，而"按"和"依"在此格式中的使用频率非常低，分别仅有3例和2例。

（2）在这一格式中，"说"的使用频率高，而"看"基本不被使用。这与前面分析的"介词+人称代词+看/说"的情况完全不同，在"介词+人称代词+看/说"中，"看"的使用频率高于"说"，而在"介词+人称代词+这么（那么）看/说"中则"说"的使用频率高于"看"。之所以存在这样的差异，是因为这两种格式的使用环境存在差异。"介词+人称代词+看/说"是征询或表述主观观点，后面的句子是一般疑问句或陈述句，侧重的是某人的"看法"。而"介词+人称代词+这么看/说"一般是在对话中，针对对方所说的观点，直接加以反驳，后面的句子一般是表达反驳意味的反问句，针对的是某人的"说法"。

与上文一样，我们又对于这一格式中的人称代词进行了进一步的分析。

表4　"介词+我/你/TA+这么（那么）看/说"格式在语料中的分布

格式		人称代词		
		我	你	TA
依+X+这么（那么）	看	0	0	0
	说	0	57	0

续表

格式		人称代词		
		我	你	TA
照+X+这么（那么）	看	0	0	0
	说	0	2	0
按+X+这么（那么）	看	0	0	0
	说	0	3	0
总数		0	62	0

通过表4可以看出，只有人称代词"你"可以用于这一格式中，而"你"和"TA"一般都不用于这一格式中。对于这一现象的原因，我们认为，还是同样基于上文所做的分析，即"介词+人称代词+这么看/说"一般是在对话中，直接反驳对方所说的观点，因此只有"你"可以用于这一格式中。

1.3 "介词+（理）+看/说"

"按""照""依"还常出现在"介词+（理）+看/说"格式中，如"照理说""按说"。例如：

（7）按理说，小布人的弟弟也应该是小布人。

（8）按说，雪驹凭着它生风的四蹄，是完全可以甩掉狼群逃离险境的。

（9）许达伟的情绪高昂而且充满了希望，照理说，这最后的晚餐应该是充满了凄凉。

（10）照说，弟不压兄，应该请自成哥总指挥两家人马才是正理。

我们通过检索北京大学现代汉语语料库（CCL）中的"文学"语料，得出了"按""照""依"在"介词+理+看/说"中的分布情况：

表5　"介词+理+看/说"短语在语料中的分布

格式	看	说
按理X	0	65
照理X	0	42
依理X	0	0

表5显示：

（1）这三个介词进入"介词+理+看/说"格式的能力存在一定的差别。"按理说"和"照理说"具有一定的使用频率，这两个短语的意义相同，用法也一致，属于同义短语，但比较而言，"按理说"在使用频率上具有一定的优势。"依"不具备进入这一格式的能力。

（2）在这一格式中，"说"的使用频率高，而"看"则不被使用。这是由于这一格式表达的意义是"按照道理来说"，是以某一客观道理的"说法"为标准，侧重的是"说法"，而不是某个人的"看法"。

在这个格式中，"理"常常可以被省略，如"照说""按说"，它们表达的意思也是"照理说"和"按理说"的意思，语料中的"照说"和"按说"都可以分别替换为"照理说"和"按理说"，前者可以看作是后者的省略形式。我们考察了这三个介词在"介词+看/说"中分布情况，发现与它们在"介词+理+看/说"中的分布情况基本是一致的。

表6 "介词+看/说"短语在语料中的分布

格式	看	说
按 X	0	179
照 X	0	32
依 X	0	0

通过表6，我们可以看出，"按"和"照"具有进入这一格式的能力，而"依"则不具备。在这一格式中，"说"的使用频率高，而"看"则不被使用。这两个特点与它们在"介词+看/说"中的特点是一致的。不同的是，"按说"表现出更大的频率优势，"按说"和"照说"的频率比基本为5：1。

2. "按/照/依……看/说"格式使用频率的差异

2.1 格式中"看"和"说"使用频率的差异

如果将前面的考察结果综合起来，会发现"看"和"说"在这些格式中的使用频率存在很大的差别：

表7 "看"和"说"在各格式中的分布

格式	看	说
介词+人称代词+X	515	137
介词+人称代词+这么（那么）+X	0	62
介词+X	0	211
介词+理+X	0	107

通过表 7，我们可以发现，"看"只被使用于"介词+人称代词+X"格式中，在其他格式中则不被使用，而"说"则可以被使用于所有格式中。前面我们已经在各格式的分析中对这种现象的原因进行了一定的解释，这主要是由于这些格式的使用环境和表达的语义造成的。"介词+人称代词+这么（那么）+X"一般是在对话中，针对对方所说的观点，直接加以反驳，后面的句子一般是表达反驳意味的反问句，针对的是某人的"说法"。"介词+X"和"介词+理+X"这两种格式表达的意义都是"按照道理来说"，是以某一客观道理的"说法"为标准，侧重的是"说法"，而不是某个人的"看法"。因此，在这三种格式中只能使用"说"，而不能使用"看"。

2.2 "按""照""依"进入格式的频率差异

如果将前面的考察结果综合起来，还可以发现"按""照""依"进入这些格式的能力是存在差异的：

表 8　"按""照""依"相关格式在语料中的分布

格式	照	按	依
介词+人称代词+看/说	186	2	464
介词+人称代词+这么（那么）看/说	57	3	2
介词+理说	42	65	0
介词+说	32	179	0

表 8 显示：

（1）就这三个介词进入这些格式和短语的自由性来看，比较而言，"照"的自由性最强，"按"次之，"依"最弱。"照"具有较强的自由性，能进入所有这些格式,且都具有一定的使用频率,而"按"和"依"的自由性相对较差,用法较为单一。"按"的自由性相对居中,虽然也能进入所有这些格式和短语,但只在"介词+说"和"介词+理说"两种短语中具有较强的使用频率,在其他格式中使用频率都很低。"依"的自由性最差,它只能用于"介词+人称代词+看/说"和"介词+人称代词+这么(那么)看/说",其中在"介词+人称代词+这么(那么)看/说"这种格式中仅有2例,几乎可以忽略不计。如果打一个比喻的话,这三个介词的特点可以归结为:"照"是"全能型","按"是"多能型","依"是"特专型"。

(2)在各种格式中,"按""照""依"使用频率的关系主要有三种情况:

"旗鼓相当"。其中两个介词具有基本相当的使用频率,处于"旗鼓相当"的状态,"照"和"按"在"介词+理+说"短语中具有基本相当的使用频率。

"一强一弱"。其中两个介词都具有较高的使用频率,但比较而言,一个具有更高的使用频率。如,"依"和"照"在"介词+人称代词+看/说"格式中都具有相对较高的使用频率,但比较而言,"依"的使用频率更高,它们的频率比基本为2.5:1;"按"和"照"在"介词+说"短语中都具有相对较高的使用频率,但相对而言,"按"的使用频率更高,它们的频率比基本为5:1。

"一家独大"。只有一个介词具有一定的使用频率,其他介词的使用频率极低,几乎可以忽略不计。如,"照"在"介词+人称代词+这么(那么)看/说"中具有较高的使用频率,而其他两个介词使用频率极低。

Hopper(1993)指出,词汇发展过程中存在着"并存原则",是指一种语法功能可以同时有几种语法形式来表示。前文对于这三个介词的共时语料的考察,正体现了这个原则:它们进入某些格式存在着几乎等同的能力,有着相同的意义和功能,"旗鼓相当"地并存着,如"按理说"和"照理说"。在有的格式中,这种并存是"一强一弱"的状态,如"按说"和"照说"。

Hopper(1993)同时指出,词汇发展过程中还存在着"择一原则",即能表达同一语法功能的多种并存形式经过筛选和淘汰,最后缩减到一二种。在某些格式上,这三个介词的使用频率有着较大、甚至极大的差别。如"介词+人称代词+这么看/说"这种格式,基本上被"照"所独占,它显示出"一家独大"的状态,"依"和"按"则基本不具备进入这种格式的能力。这也正生动地体现了"择一原则"。

3. "按/照/依……看/说"格式的教学建议

根据上文的考察与分析,我们可以对于前文中留学生所提出的疑问进行比较科学的解答:这三个介词进入这些格式的能力是不同的,也就是说,有的介词具备进入某一格式的能力,而有的则不具备;这些格式中的"看"和"说"也不是随便使用哪个都可以,在多个格式中,只能使用"说",不能使用"看"。为了使留学生更清楚地了解这三个介词在这些格式中的使用规律,我们建议在教学中使用下表加以展示说明。需要说明的是,为了使留学生掌握典型常用的搭配,我们将语料中使用频率低于 5 例的略去。

表 9　"按""照""依"相关格式的使用规律

格式	照	按	依
介词+人称代词+**看**/说	+		+
介词+人称代词+这么(那么)说	+		
介词+(理)+说	+	+	

通过这个简表，可以使留学生清楚地了解这三个介词在这些格式中使用规律，即哪个介词可以进入哪些格式，不能进入哪些格式，凡是可以进入某格式的在表中用"+"表示，而加粗的"+"表示对应的这个介词进入相应的格式所组成的短语是最常用的。另外，在格式栏中加粗的"看/说"可以提醒留学生注意到在哪些格式中使用"看"和"说"都可以，哪些格式中只能使用"说"，而不能使用"看"。

参考文献

陈昌来（2002）《介词与介引功能》，安徽教育出版社。

丁宇红（2008）现代汉语方式、依据类介词比较研究，苏州大学硕士学位论文。

傅雨贤（1997）《现代汉语介词研究》，中山大学出版社。

李晓琪，章欣（2006）"据……看/说"及其相关格式，《语言文字应用》第1期。

韦其标（2008）现代汉语凭据性介词研究，广西师范大学硕士学位论文。

Hopper，P.J. & Traugott，E.C.（1993）*Grammaticalization.* Cambridge University Press.

第九章 "何况"和"(更)不用说"的对比及其教学[①]

对于连词"何况",学者们进行过多角度、多层面的研究,如"何况"的语法化过程(李绍群,2012;李宗江,2014)、"何况"与"况且"的异同(陆方喆、李晓琪,2013),更多的研究是关注"何况"所构成的典型复句句式"A 尚且 VP,何况 B",着重探讨这一句式内部两个分句间的语义逻辑关系、该句式的命题表达功能以及关涉梯级序列的主观性表达功能[②](徐阳春,2001;张邱林,2009;陆方喆、李晓琪,2013)。可以说,经过多年的研究,我们已经对于"A 尚且 VP,何况 B"这一句式有了比较清楚、深入的认识。

但是,需要注意的是,除了"A 尚且 VP,何况 B"这一典型复句句式以外,还有一个常见的基本同义的句式结构"A 尚且 VP,(更)不用说 B"。肖任飞、张芳(2014)对于"(更)不用说"进行了研究,认为这是一个

[①] 本章内容曾以"按/照/依……看/说"格式考察与教学"为题发表于《华文教学与研究》2014 年第 2 期。

[②] 关于梯级的相关研究可参考本书中的"虚词关涉的梯级及其教学"章节。

熟语化的结构体，表达反逼性递进关系，并从梯级序列的角度对内部语义关系和语用表达进行了研究。这一分析方式和所得结论，与"何况"是基本一致的。

那么，是不是"何况"和"（更）不用说"的语义和语用是基本一致的，两者就完全可以自由替换？在教学中，笔者也被留学生问到这个问题。当时笔者凭借语感觉得两者并无差别，只是在语体上有点儿不同，前者书面语色彩浓，后者口语色彩浓。之后，笔者又就此问题询问过多位汉语教师，大家也基本都觉得两者的差别仅仅是语体上的差别，在语义和语用上没什么差别。

事实果真如此吗？通过语料分析和考察，我们发现，除了在语体上有所不同外，"何况"和"（更）不用说"在句中所处位置、出现的句类、义项等方面存在不同。

1. "何况"和"（更）不用说"在句中所处位置的异同

1.1 句中所处位置的异同

"何况"和"（更）不用说"一般都用于反逼递进复句中的后一个分句中，与前一分句中的虚词共同激活可能性梯级序列，通过梯级序列之间的语义蕴含关系来表达对于某一事件的认识。在这样的反逼递进复句中，"何况"和"（更）不用说"一般都位于后一分句的句首，如：

（1）你受过伤，还要去参加抗美援朝，何况我这年轻力壮的人呢！（老

舍《西望长安》）

（2）每个小组的组长都会指挥，（更）不用说班长排长了。（老舍《无名高地有了名》）

"（更）不用说"除了位于后一分句的句首以外，还可以位于后一分句的句尾，这是"何况"所不能出现的句法位置，如：

（3）孩子们都这样厌恶他，村里的大人们就更不用说了。（路遥《人生》）
（4）单是开头，他就写了七遍，别的就不用说了。（周而复《上海的早晨》）

上面的例句中，更不用说"可以变换至句尾，而"何况"则不能，如：

（3'）*孩子们都这样厌恶他，村里的大人们就更何况了。
（4'）*单是开头，他就写了七遍，别的就何况了。

1.2 "（更）不用说"在句中位置变换的限制性

"（更）不用说"既可以出现在后一分句的句首，也可以出现在句尾，那么，是不是任何反逼递进句式中的"（更）不用说"都可以在后一分句的句首和句尾自由变换呢？

通过语料分析和考察，我们发现，"（更）不用说"位于句首和句尾的数量差异极大，在我们使用 CCL 语料库随机搜索出的 300 条 "（更）不用说"的语料中，仅有 21 条是位于句尾，其他的都是位于句首。除了数量上的巨大差异以外，当"（更）不用说"位于后一分句中的句首或句尾时，其连接的成分存在很大的不同。

当"(更)不用说"位于后一分句中的句首时,它后面的成分既可以是名词短语,如前文例句(1)和(2),也可以是小句。如:

(5)在未来的数字化世界,不懂英语更将寸步难行,更不用说一面要鼓励年轻人学习大语种,一面又要尽力保护民族语言所付出的沉重代价了。(《人民日报》1998年)

(6)从前春节,她好歹有刘凯瑞,虽不能陪她,精神感情上总有归宿,更不用说他还可以出钱安排她去国外,也是种补偿。(《新结婚时代》)

而当"(更)不用说"位于句尾时,前面的成分一般都是名词短语。如前文例句(3)(4)。

当位于句首的"(更)不用说"后面的成分是名词短语时,一般都可以将"(更)不用说"变换到句尾,如前文例句(1)和(2)。而当句首的"(更)不用说"后面的成分是小句时,特别是小句比较长时,将"(更)不用说"变换到句尾整个语句就变得别扭,不连贯,如:

(5′)? 在未来的数字化世界,不懂英语更将寸步难行,一面要鼓励年轻人学习大语种,一面又要尽力保护民族语言所付出的沉重代价(就)更不用说了。

(6′)? 从前春节,她好歹有刘凯瑞,虽不能陪她,精神感情上总有归宿,他还可以出钱安排她去国外,也是种补偿(就)更不用说了。

之所以出现这样的现象,我们认为主要是因为"(更)不用说"居于后一分句的句首时,比较明确地提示了下文的语义发展,也就是说,当读者读到"(更)不用说"时,就知道下文要说的是一种递进的不言而喻的情况。而如果将"(更)不用说"置于句尾,那么较长的小句会使语义的即时理解比较模糊,读者不知道这一小句与前文的逻辑、语义关系,理解起来会比较困难。

2. "何况"和"(更)不用说"句类分布的异同

"何况"和"(更)不用说"所处的后一分句的句类也存在倾向性的差别。"何况"一般出现在反问句中,也可以出现在陈述句中,如:

（7）咱们都不甘心不做事,白拿薪水,何况一位英雄呢？（老舍《西望长安》）

（8）把这个想开了,连个苍蝇还会在粪坑上取乐呢,何况这么大的一个活人。（老舍《骆驼祥子》）

而"(更)不用说"则一般出现在陈述句中,不出现在反问句中,如:

（9）它的重要仿佛还赶不上通州,更不用说天津或石家庄了。他们只知道保定出酱菜与带响的大铁球。（老舍《四世同堂》）

（10）假若不是打仗,唐连长也许一辈子没听说过文城,更不用说来到这里了。他和文城简直没有任何关系,可是他决定与它共存亡！（老舍《火葬》）

如果将例句（7）中的"何况"替换为"更不用说"，则句子语感上非常别扭，如：

（7'）咱们都不甘心不做事，白拿薪水，<u>更不用说</u>一位英雄呢？

在现代汉语中，"何况"常出现在反问句中，这一点是与其在古代汉语中的用法一脉相承的。李宗江（2014）研究发现，先秦的递进连词"况"主要用于反问句中，而语气副词"何"的语义辖域是整个句子，但其语法分布却只能用于句子谓语之前，而不能用于主语之前，最常用于句尾加疑问语气词的反问句中，在这一点上，与连词"况"相同。由于常常共同处于同样的句法位置共同出现，两者就叠加在一起成为一个固定的复合词"何况"。"何况"也是主要用于反问句中，如：

（11）欲害之心亡于中，则饥虎可尾，<u>何况</u>狗、马之类乎？（《原道》）
（12）若此四者，庸民之所不为也，<u>何况</u>君子乎？（《大论》）

与"何况"、"（更）不用说"出现的句类具有一定的倾向性相关，在现代汉语中，"何况"常与"呢"形成"何况……呢？"框式结构，而"（更）不用说"则常与"了"形成"（更）不用说……了"的框式结构。

3. "何况"和"(更)不用说"义项的异同

由前文分析可知,"何况"和"(更)不用说"都被用于反逼递进复句中,表达同样的语法意义。但是,这两者除了这一共同的用法以外,还有各自不同的用法。

多部词典都认为"何况"主要有两个义项,一是"用反问语气表示比较起来更进一步的意思",我们把它称为"何况$_1$"。除此以外,还有另外一个义项,即"进一步申述理由或追加理由,用法基本上同'况且'"(《现代汉语八百词》);"前一分句已经举出理由,然后在后一分句里用'何况'再追加或者补充一层理由。在这种情况下,'何况'相当于'况且',这种句式没有反问的语气。"(《现代汉语常用虚词词典》);"'何况'和'况且'都可在递进句式中表示进一步申述理由或追加理由。"(《现代汉语虚词辨析500例》)。我们把第二种义项称为"何况$_2$"。虽然各家的表述方式不同,但其基本意思是共同的,即"何况$_2$"可用于进一步申诉或追加理由。如:

(13)你去接他一下,这儿不好找,何况他又是第一次来。

(14)因此我们并不是照搬西方马克思主义者的结论,就能解决问题的,何况这些结论本身的正确性有时还值得怀疑。

对于"何况$_2$"的这一用法,特别是与"况且"的异同,已有学者对此进行了专门研究,其中陆方喆、李晓琪(2013)的研究最为细致,他们发现"何况$_2$"与"况且"在语用上存在差别,何况$_2$后只能引出说话人主观认为非次要的理由，而"况且"后并没有明显倾向性，主要理由和次要理由皆可。该文认为"何况₂"的这一特点也与语用量级相关，主要理由、次要理由也构成一个可能性语用量级，主要理由更可能促成某一事件的发生，因而处于量级的高端，这与用于反逼递进句的"何况₁"是共同的，即都是标示说话者主观认为处于某个可能性语用量级高端的事物。我们认同这一观点。

"（更）不用说"具有"何况₁"的用法，但是却不具有"何况₂"的用法，在我们使用CCL语料库随机搜索出的300条"（更）不用说"的语料中，没有发现"表示进一步申诉或追加理由"这样的用法。

"（更）不用说"同样也具有"何况"所不具备的用法，即具有"程度评价"的功能。如：

（15）张富贵枯木逢春，老枝发新芽，那欢喜劲就<u>不用说</u>了。（黄胜《喜得贵子》）

（16）五爷说话间成了阶级敌人，啥滋味就<u>不用说</u>了。（乔典运《香与香》）

上述例句主要传达说话人对性状程度之高的主观评价，认为"欢喜劲"或"滋味不好受"的状态达到了显而易见、不言自明的程度，因为程度很高，因此"就不用说了"。其意义上指向对程度之高的极力肯定与认同。王晓辉、迟昌海（2014）对这一构式了非常深入的研究。

需要注意的是，这一构式还是具有一定的独特之处的，即其中一般要有"就"和"了"。从这个角度来说，或许应该把"就不用说了"看作是另外一个独立的构式，但是"就不用说了"也用于反逼递进句式中，在那种情况下与"（更）不用说"的用法也基本一致。

在本文中，我们暂且不纠缠于这两者是同是异，将"更不用说"和"就不用说了"都看作是由核心部分"不用说"所衍生出来的变体构式，也将"程度评价"作为"不用说"的功能之一。

"何况"和"（更）不用说"在义项上的异同如下图所示：

何况（更）不用说

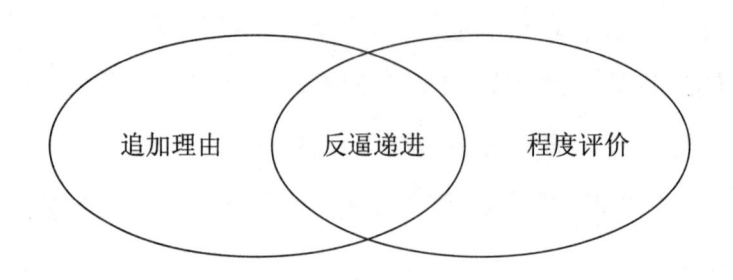

追加理由　　反逼递进　　程度评价

4. "何况"和"（更）不用说"的教学建议

4.1 "何况"和"（更）不用说"的辨析

为了使学习者更清楚地了解这"何况"和"（更）不用说"两者的使用规律和相互之间的异同，我们建议在教学中使用下表加以展示说明：

	句法位置		出现的句类		常用的框式结构	义项		
	句首	句尾	反问句	陈述句		反逼递进	追加理由	程度评价
何况	√		√	√	何况……呢	√	√	
（更）不用说	√	√		√	（更）不用说……了	√		√

以上简表中，凡是可以在某种条件下可以使用的在表中用"√"表示，当在两种条件下都可以使用的，加粗的"√"表示在此种条件下使用的是相对更常用的。

4.2 "反逼递进"语义的教学

前文已经分析过，"何况"和"（更）不用说"在用法上有个共同点，就是都用于反逼递进复句中激活可能性梯级序列，通过梯级序列之间的语义蕴含关系来表达对于某一事件的认识。这是它们最常见的用法，在对外汉语教材中，一般也都是重点教这个用法。但是，遗憾的是，教材对于"反逼递进"语义用法的解释、语用特点以及例句的编制都不够理想。如，《成功之路 进步篇3》中第31课中这样解释"何况"的用法："连词'何况'用于反问语气，表示二者对比中更深一层的意思。"可以看出来，这个解释主要是引用了《现代汉语八百词》的解释，但是，这样的解释比较模糊，如"二者"是哪二者？"更深一层的意思"是什么样的意思？教师和学习者很难根据这样的解释理解"何况"的语义和语用。另外，这一解释也不够准确，"何况"不仅用于反问语气，其实也可以用于陈述语气。

我们认为，使用以下的解释可能会使教师和学习者更清楚地理解"反逼递进"的语义：

连词"何况"常用于"A尚且（都）VP，（更）何况B"的复句中，其中"A"可以"VP"的可能性小于"B"，也就是说，如果"A"可以"VP"，那么就意味着"B"肯定也可以"VP"（在后一分句中的"VP"一般省略不说）。

对于第二语言学习者来说，向他们说明语言点在使用中的特点也是非常必要的。除了以上的解释以外，还可以补充"何况"其他的语用特点：

"何况"出现的后一分句一般是反问句，"何况"居于句首，句尾一般使用"呢"，两者共同组成"何况……呢"的结构。

在"何况"的教学中，教师该如何使学习者更清楚地理解语言点表达的语义，并清楚地认识到语言点的语用特点呢？我们建议，首先要使用对比的方法引导学习者注意到不同事件可能性的大小差异，由于"可能性"和"事件"都是难以表述和理解的概念，为了更利于学习者理解，可先使用两类人在做某事的能力上存在明显差别的例子，引导学习者发现在 B 比 A 更可能做某事，如：

A	B	事件
外国人	中国人	认识这个难字
小孩	大人	搬动这个盒子

当学习者意识到"中国人"比"外国人"更有可能"认识这个难字"，"大人"比"小孩"更有可能"搬动这个盒子"，教师再进一步指明当"外国人认识这个难字"，那么就意味着"中国人也当然认识这个难字"，当"小孩能搬动这个盒子"，那么就意味着"大人也当然能搬动这个盒子"。人们可以通过指出 A 可以做某事，来表达 B 当然也可以做某事，如以上的例子就可以用"何况"来表达：

外国人认识这个难字，何况中国人呢？（中国人当然也认识这个难字）

小孩能搬动这个盒子，何况大人呢？（大人当然也能搬动这个盒子）

在操练了以上例句后，可以继续引导学习者当以上事件变为否定性事件时，两者的位置也要相应地改变，如：

A	B	事件
中国人	外国人	不认识这个难字
大人	小孩	搬不动这个盒子

引导学习者使用"何况"来表达：

中国人不认识这个难字，何况外国人呢？（外国人当然也不认识这个难字）

大人搬不动这个盒子，何况小孩呢？（小孩当然也搬不动这个盒子）

当学习者理解了当 A 和 B 为人或事物的情况之后，可以向学习者展示当 A 和 B 为某一条件的情况，如：

A	B	事件
天气不好的时候	天气好的时候	去操场跑步
上课的时候	下课的时候	不学习

引导学习者使用"何况"来表达：

他天气不好的时候都去操场跑步，何况天气好的时候呢？（天气好的时候当然也去操场跑步）

他上课的时候都不学习，何况下课的时候呢？（下课的时候当然也不学习）

参考文献

李绍群（2012）"尚且……何况"句式的来源及虚化轨迹，《古汉语研究》第 3 期。

李宗江（2014）连词"何况"和"岂况"是怎样形成的，《汉语学报》第 2 期。

陆方喆，李晓琪（2013）"何况"的主观性表达——兼析与"况且"的区别，《汉语学习》第 6 期。

王晓辉，迟昌海（2014）程度评价构式"X 就不用说了"研究，《世界汉语教学》第 2 期。

肖任飞，张芳（2014）熟语化"（更）不用说"及相关用法，《语言研究》第 1 期。

徐阳春（2001）递进句式的语义、语用考察，《浙江树人大学学报》第 3 期。

张邱林（2009）"尚且 p，何况 q"反逼句式，《世界汉语教学》第 3 期。

后　记

　　自 2002 年于北京语言大学硕士毕业留校工作以来，不知不觉已经过去了十四个年头。回首过去，一切仿佛就在昨天：在主楼北参加学院录用面试、老院长李杨老师的关心和教导、李珠老师带领我们新教师集体备课、硕士导师陈贤纯老师和师母王碧霞老师对我的教学和生活的温暖关爱、在崔永华老师的带领下一起编写汉语教材、赴新疆伊犁支教与维族师生一起学习和生活、在美国爱荷华大学聆听柯传仁老师和沈禾玲老师的课程、在北京大学读博期间导师李晓琪老师与我们一起讨论虚词研究与教学……这一幕幕是那么生动而清晰，但是其中很多竟然已经是十多年前的事情，时光真如白驹过隙，转瞬即逝。在感叹时光飞逝的同时，心中的遗憾也越发浓重，遗憾好时光没有好好珍惜，真想回到从前，更努力、更勤奋、更用心地去再活一遍。

　　本书就是我从事对外汉语教学工作这十多年来研究成果的一个小结。当我在整理这些文章时，突然发现它很清晰地反映和记录了我对于对外汉语教学的认识的发展历程。一开始像一个充满好奇和新鲜感的孩子，从教学实践中发现各种各样的问题，然后开始试图去探索解决它们的办法，即遇到什么问题就试图去解决什么问题，这些研究点是分散的、跳跃的。如我一开始进行初级汉语教学，发现汉字对于不少留学生来说是个大难关，而且初级汉语综合课"语法为纲"的编写方式必然造成教材中的汉字不太可能按照由易到难地顺序出现,就去思考初级汉语综合课的汉字教学问题(《初级汉语教材中汉字教学的处理方式分析和教学改革思考》);在出国部英文培训课上见识了外教在课堂上组织的各种小组任务活动,就想将这样的活动引入对外汉语教学,于是马上去寻找相关外文资料,发现了任务型语言教学与诸多西方第二语言教学的各种新理念,开始研究任务型语言与初级汉语教学如何结合,以及如何将西方第二语言教学新理念应用到对外汉语教学(《任务型语言教学与初级汉语教学结合的思考》、《西方第二语言教学理念的新进展及其启示》);在编写《成功之路 进步篇·读和写》时,开始关注初级汉语读写课,研究如何将"读"和"写"有机、有效、有趣地结合在一起(《初级汉语读写课教材的编写理念与方式》、《论汉语读写课中"读"和"写"的结合》)。慢慢地,不知道算不算是研究变得成熟、定型了,我研究的目光开始逐渐聚焦,研究也开始逐渐稳定在汉语虚词教学。我曾经扪心自问,研究过这么多方面的内容,哪一个是我的"最爱"呢?我发现其实是虚词教学。虽然我的研究涉及对外汉语教学的过多个方面,但是对于虚词教学的关注从工作以来就从来没有停止过(2006年的《预设差异副词所关联的预设及其教学》,2011年的《"毕竟"语篇的语义结构类型》,2013年的《与梯级序列相关的句式浅析》,2014年的《"按/照/依……看/说"格式考察与教学》,2015年的《"何况"与"(更)不用说"的辨析与教学》和《从梯级的角度阐释"即使"句式及教学建议》,还有即将发表的《从梯级的角度阐释"宁可"及其教学建议》)。其他方面的研究往往是"时代"的产物,在做什么事情,遇到什么问题即兴进行的阶段性的研究,而对于虚词教学的思考,这十多年来一直在进行着。我的博士生导师李晓琪教授是从事虚词教学的专家,在读博期间,更是在李老师的引导和指导下,与同门们一起兴致盎然、畅快淋漓地讨论和研究虚词教学，进一步激发了研究兴趣，近年来越来越"沉浸其中难以自拔"，几乎所有的研究精力和时间都完全投入到虚词教学研究中，"心无旁骛"。可以看出，一直以来，对于虚词教学的研究，我所做的主要是"点"的研究，涉及到副词、介词、连词等多种虚词。近两年来，我正在努力做"面"的研究，试图从某一视角研究具有同一特点的一类词，如从梯级的角度阐释关涉梯级的这一类虚词。目前，这样的系列研究已经陆续做了一些，也正在努力完成对关涉梯级的虚词进行的整体性研究。无奈的是这两年的管理工作占用了太多的时间，这个研究及论文的写作进行得断断续续，一拖再拖，期待能挤出更多的时间把它尽快完成吧。

这十多年的研究，如果用简单的话加以概括，可以说是经历了由"广泛"到"专注"的渐变。但是有一点却从未改变，那就是研究的问题都来自于教学，而且是以解决实际教学问题为研究目标，即使是做虚词句法、语义等方面的研究，其目的也是在此基础上更科学、合理地进行虚词的教学分析与设计。也就是说，研究的出发点和落脚点都是在教学。我一直觉得，"对外汉语教学"作为一个应用型的学科，需要特别重视和强调研究的应用性和实践性，这是这个学科的特色之所在，而且只有这样的研究才具有更强的生命力和活力，对于这个应用型的学科具有更直接和重要的价值。

本书的绝大多数章节都以单篇论文的形式在《语言文字应用》、《语言教学与研究》、《华文教学与研究》、《海外华文教育》等各种语言教学的期刊以及论文集上发表过。在编辑本书时，有的论文直接作为某一章编入其中，但很多论文由于是同一方面的系列研究，在部分论述中存在一定的重合，因此对这样的系列研究论文进行了"熔合性"的大手术，做了许多删减、调整和修改。另外，还补充上了一些未发表的相关内容。

本书收集的论文获得过很多学界专家的指导和帮助。崔永华教授、杨惠元教授、陈贤纯教授、李晓琪教授都对我的论文进行过直接指导，还有各期刊的匿名评审专家也给我提出了很多具体的修改建议，我要向他们表示诚挚的谢意。我的研究生张秋丽、张瑞、杜卡、戚彦君对本书进行了细致地校对，向她们的辛勤劳动表示感谢。还要衷心地感谢中国书籍出版社为本书提供了宝贵的出版机会，感谢本书编辑安玉霞女士所做的细致、认真的编辑工作，特别要感谢她为本书内容的调整和修改提出了不少很好的、很有建设性的意见和建议。衷心感谢我的家人对我的理解、鼓励和支持。

王瑞烽

2016 年 3 月 1 日

图书在版编目（CIP）数据

对外汉语教学思索集/王瑞烽著.—北京：中国书籍出版社，2016.6
ISBN 978-7-5068-5584-6

Ⅰ.①对… Ⅱ.①王… Ⅲ.①汉语—对外汉语教学—教学研究 Ⅳ.①H195.3

中国版本图书馆CIP数据核字（2016）第109965号

对外汉语教学思索集

王瑞烽　著

策划编辑	安玉霞
责任编辑	安玉霞
责任印制	孙马飞　马　芝
版式设计	中尚图
出版发行	中国书籍出版社
地　　址	北京市丰台区三路居路97号（邮编：100073）
电　　话	（010）52257143（总编室）（010）52257140（发行部）
电子邮箱	chinabp@vip.sina.com
经　　销	全国新华书店
印　　刷	北京墨阁印刷有限公司
开　　本	710毫米×1000毫米　1/16
字　　数	158千字
印　　张	12
版　　次	2016年6月第1版　2016年6月第1次印刷
书　　号	ISBN 978-7-5068-5584-6
定　　价	45.00元

版权所有　翻印必究